www.tredition.de

AF217274

Günther Junge (Herausgeber)

Die träumenden Briefe

© 2015 Günther Junge (Herausgeber)

Verlag: tredition GmbH, Hamburg

ISBN
Paperback: 978-3-7345-0152-4
Hardcover: 978-3-7345-0153-1
e-Book: 978-3-7345-0154-8

Printed in Germany

Vorwort des Herausgebers

Der Sommer ist Zustand. Es gibt keine bessere Beschreibung für den Sommer. Diese Worte von Max Frisch sind mir in den Sinn gekommen, nachdem ich die Briefe von Eskel Jacobsen zum ersten Mal gelesen habe. Allein diese Worte beschreiben die ausschließliche Akzeptanz des Sommers gegenüber den anderen Jahreszeiten. Alles läuft auf diesen einzigen Zustand hinaus, wobei mit allen Kräften im Wechsel der Jahreszeiten immer wieder versucht wird, diesen Zustand zu erreichen.

Politiker können dem Volk den Sommer nicht nehmen, wohl aber den Frieden. Leider war dies auch in den Wirren des zweiten Weltkrieges der Fall. Der Wahnsinn und Größenwahnsinn des Naziregimes hat der Welt den Frieden genommen und sie in ein blutiges Chaos mit nahezu 70 Millionen Opfern gestürzt. Frieden, der einzig akzeptierbare Zustand war gelöscht, war meistens nur als Funken Hoffnung geblieben.

Beim Lesen der Briefe kann man sich des Gefühls nicht erwehren, die unnachgiebige Hoffnung, den Zustand Frieden wieder zu erreichen, die heimatliche Wohnung der Eltern wieder zu sehen, vor allem das Erlebte so schnell wie möglich vergessen. Der Sommer muss wieder erreicht werden, es kann nur der Frieden akzeptiert werden. Doch zu lange währt die Brieffolge, welche ohne Worte beschreibt, wie sehr man sich doch wünscht, dass der jetzige Zustand doch endlich vorübergehe, dass es endlich Sommer werden würde. Leider ging dieser Wunsch für Eskel Jacobsen nicht in Erfüllung, die Briefe werden Anfang 1945 immer pessimistischer, so dass man als Leser die heraufziehende Katastrophe schon erahnen kann.

Eskel Jacobsen war der Sohn meiner Großtante Maria Jacobsen, der Tante meines Vaters Otto Junge. Zwei Briefe meines Vaters Otto an seine Tante Maria und Onkel Eskel (Vater und Sohn hatten die gleichen Namen) fand ich ebenso unter den vererbten Briefen. Nur zwei Briefe an die Verwandten (da die Eltern zu diesem Zeitpunkt schon lange tot waren), aber unendlich viele Emotionen, die zeigen, dass man den Krieg nicht länger ertragen will. Nach einer schweren Verletzung konnte mein Vater die Heimat wiedersehen und durfte überleben. Im Gegensatz zu meinem Großcousin Eskel, von dem man nicht weiß was genau passierte.

Nach den Briefen meines Vaters schließen sich direkt diejenigen meines Großcousins Eskel an. Zuerst sehr sachlich, immer in der Hoffnung dass alles sehr schnell vorüber sein wird. Die späteren Briefe zeigen dann eher eine ungeschriebene Resignation, ein sich „Fallen lassen" in das Unabwendbare. Er wollte ja nicht den Eindruck hinterlassen, dass er schon spürte, dass etwas Schlimmes passieren kann, je länger der Krieg dauert.

Letztendlich bleibt nur noch zu sagen, dass dieser schlimmste Fall eingetreten ist. Sehr emotional der letzte Tagebucheintrag von Maria. Bereits wissend, dass so gut wie keine Hoffnung besteht, den Sohn wiederzusehen, versucht sie mit diesen Zeilen das Ganze zu ertragen, um selbst weiterleben zu können.

Ich habe Eskel nie kennenlernen dürfen, wohl aber dann seine Mutter Maria. Als Kind erschien sie mir immer als eine sehr strenge Person. Erst als Erwachsener konnte ich sie besser verstehen. Strenge konnte ich nicht mehr spüren, im Gegenteil, es war eine Traurigkeit, die mit eiserner Disziplin gepaart war. Vielleicht war es gerade diese Kombination aus einem Gemütszustand und einer selbstauferlegten Eigenschaft, welche das Erlebte verkraften, aber auch weiterleben ließ.

Gegenüber mir hatte sie kaum über Eskel gesprochen. Sie wollte das, was sie in ihren Gedanken an den Sohn erinnert, nicht noch weiter in Gesprächen vertiefen und somit den Schmerz vergrößern.

Maria Jacobsen wurde fast 104 Jahre alt, und musste bis zu Ihrem Tode eines der schlimmsten Schicksal ertragen, die Eltern passieren können: der Tod der eigenen Kinder.

Dies ist nur mit allergrößter Selbstdisziplin möglich. Ich glaube, dass ich diese Disziplin zu einem gewissen Teil auch erlernt habe, aber nie diese Perfektion erreichte, wie sie Maria Jacobsen lebte, die Ihren Sohn verloren hat.

Die Briefe ihres Sohnes hat sie immer gut verwahrt, sie hat sie als persönlichstes Andenken betrachtet. Nur ihrer besten Freundin hat sie diese Briefe anvertraut. Ich habe sie erst nach Ihrem Tod erhalten, da ich der letzte lebende Verwandte der Familie bin.

Hochgeehrte Leserin, hochgeehrter Leser, sie werden sich nun fragen, welchen Sinn es macht, diese doch sehr persönlichen Briefe zu veröffentlichen, da das Geschehene nun doch schon mehr als 50 Jahre vergangen ist. 50 Jahre ist ein langer Zeitraum, und mit jedem Jahr gewinnt das Vergessen etwas mehr gegenüber der Erinnerung. Einzig die Dokumentation kann uns die Erinnerung bewahren, wenn in einigen Jahrzehnten kein Bezug zu dieser Zeit mehr besteht.

Ich hoffe nun sehr, dass es mit dieser Veröffentlichung gelungen ist, sich doch etwas in diese Zeit zurück zu versetzen. Das Schicksal Eskel's soll als Parabel gelten, für die unzähligen, denen das gleiche zugestoßen ist.

Nun werden Sie sich noch eine zweite Frage stellen: Darf man ausschließlich zum Zwecke der Dokumentation Briefe veröffentlichen, in welchen sich doch sehr persönliche Gefühle wiederfinden. Diese Frage hat mich natürlich stark beschäftigt. Ich habe die Briefe mehrmals gelesen, und nur sehr wenige Textstellen gestrichen. Das was blieb ist zwar persönlich, zeigt aber doch die Reife eines Zwanzigjährigen, der sich nichts sehnlicher wünscht als nach Hause zu kommen, und dass dieser schreckliche Krieg bald vorüber sein wird. Ja, das wichtigste ist das Ende des Krieges, und keine Siegeshoffnung für Nazideutschland.

Der Krieg ist dann zu Ende gegangen, nicht viel später nachdem keine Briefe mehr von Eskel gekommen sind. So ist es leider für Eskel nie mehr Sommer geworden.

Briefe von Otto Junge an seine Tante Maria Jacobsen und seinen Onkel Eskel Jakobsen

O.U./7.11.43 (O.U. bedeutet in Feldpostbriefen Ortsunterkunft, da es verboten war, den Standort anzugeben und mitzuteilen; Anmerkung des Hrsg.)

Lieber Onkel Eskel und Tante Maria!

Ihr werdet wohl erstaunt sein, auch von mir einmal Post zu bekommen. Ich weiß nur nicht, ob dieser Brief ankommen wird, weil ich die Adresse nicht weiß. Seit der Katastrophe in Hamburg habe ich leider noch nicht wieder von Familie Jacobsen gehört. Wie anzunehmen ist, wird dort wohl auch alles zerstört sein, genau wie bei uns zu Hause.

Inzwischen habe ich auch meine Dienststelle gewechselt und liege jetzt wieder in Frankreich. Nun möchte ich Euch einmal bitten, mir die Adresse von Irmgard und ihren Eltern mitzuteilen.

Mir geht es auch noch immer gut, was ich von Euch auch hoffen will. Mich hat es in den 4 Kriegsjahren auch schon viel herumgeworfen, und ich habe ganz Europa bereist. Also nun seid bitte so lieb und schreibt einmal wieder, damit ich Bescheid weiß.

Für heute will ich nun schließen, weil für uns gleich Zapfenstreich ist. In der Hoffnung, dass Euch dieser Brief bei bester Gesundheit erreicht, grüßt Euch recht herzlich

Otto!

O.U/17.12.43

Lieber Onkel Eskel und Tante Maria!

Gestern bekam ich Euren lieben Brief und will gleich daran gehen und denselben beantworten. Habt recht vielen Dank dafür, ich habe mich wirklich gefreut, dass Ihr so bald wieder geschrieben habt.

Ihr wollt nun gern einmal wissen, wo ich liege, aber eigentlich darf ich es ja nicht schreiben. Die Spionage ist zu groß. Also, in der Nähe von Eskel liege ich nicht, denn mein Standort liegt im Süden von Frankreich, und zwar in der Nähe des kleinen Städtchens Châteauroux (Stadt in Zentralfrankreich im Département Indre; Anmerkung des Hrsg.). Es ist südlich von Orleans. Es liegt im ehemaligen unbesetzten Gebiet, und die Bevölkerung ist ziemlich arm. An der Atlantikküste habe ich auch bald ein halbes Jahr lang gelegen. Aber mir gefällt es im ganzen Franzosenland nicht, und am liebsten bin ich in Deutschland.

Mit Kaffee wird es wohl nun auch nichts werden, denn die Kreditscheine haben in ganz Frankreich die Gültigkeit verloren. So konnte man immer noch allerhand zu guten Preisen kaufen, aber nun ist es aus, und das bisschen Geld, was man als Wehrsold bekommt, geht so auf zum Leben. Zu dem Bild habe ich mich natürlich gefreut, und ich habe Euch auch noch so in der Erinnerung. Viel verändert habt Ihr Euch nicht, nur dass Eskel grösser geworden ist. Es ist nun wohl bald 10 Jahre her, dass wir uns nicht mehr gesehen haben. Die Jahre sind vergangen wie im Fluge, und mein Vater ist auch schon wieder 10 Jahre tot. Ich habe mich, seitdem meine Mutter tot ist, auch nicht mehr recht wohl gefühlt im Hause und habe mich daher auch bei Kriegsausbruch sofort zu den Soldaten gemeldet. Mein Stiefvater heiratete nun dann auch noch ein zweites Mal, und ich wurde nur noch überflüssiger. Jetzt bin ich so ziemlich ganz auseinander mit ihm, und es wird wohl auch so bleiben. Ich bin jetzt alt genug, dass ich meine eigenen Wege gehen kann und werde das auch machen. Erben werde ich von meiner Mutter Seite her doch nichts, weil ich erst als Nacherbe von meinem Stiefvater eingesetzt bin, und bis dahin kann schon alles weg sein. Im Moment ist ja sowieso alles vernichtet und dem Erdboden gleichgemacht. Das einzige, was ich noch so besitze, ist das Geld von Großvater und die goldene Uhr von meinem Vater.

Nun könnt Ihr einmal sehen, wie es mir in der Zwischenzeit ergangen ist.

Nun steht abermals ein Weihnachtsfest vor der Tür, und es ist das vierte, das ich in fremdem Land verlebe. Ich wäre ja ganz gern einmal wieder in Deutschland gewesen, aber bei den Soldaten gibt es eben nur gehorchen, und man muss sich in alles fügen. Ich kann ja immer noch froh sein, dass ich nicht mehr im Osten bin, denn die Soldaten im Osten haben es doch noch trostloser und schlechter. Im Januar komme ich sehr wahrscheinlich auf Urlaub und werde Euch einmal besuchen kommen. Aber Bestimmtes kann man nie zusagen, denn bei uns ändert sich die Lage von heute auf morgen, und es kann immer noch wieder eine Urlaubssperre eintreten. Nun will ich schließen, in der Hoffnung, recht bald mal wieder etwas von Euch zu hören.

Viele Grüße und ein recht gesundes und frohes Weihnachtsfest wünscht Euch Euer Otto

Briefe von Eskel Jacobsen an seine Eltern aus dem Jahre 1943

Graudenz/19.4.1943 (Graudenz ist eine Stadt in Westpreußen, im heutigen Polen; Anmerkung des Hrsg.).

Liebe Eltern,

unsere halbe Stube wird gerade eingekleidet, so dass die übrigen, die schon ihre Klamotten empfangen haben, Zeit haben für Bettenbau und andere Dinge. Ich will Euch nun, so gut es geht, der Reihe nach meine bisherige Zeit im R.A.D. erzählen. Aus dem Zuge hörtet Ihr schon, dass ich dort die meiste Zeit mit Kartenspielen zubrachte. Nur die wenigen Stunden, da ich zu schlafen versuchte, waren fürchterlich. Ich saß auf einer kurzen Bank in einem Eilzugwagen, und es war natürlich sehr hart. Einmal versuchte ich, im Gepäcknetz zu schlafen, leider verbog das Ding dermaßen, dass ich es vorzog, wieder meinen harten Platz auf der Bank einzunehmen. Bis Bromberg fuhren wir im Sonderzug; wir kamen dort gegen 12.00 mittags an. Dann ging die Klüngelei los, die mit einem zweistündigen Aufenthalt begann. Auf dem Wege nach Graudenzstiegen wir dann nochmal um und kamen dort endlich gegen 5.00 nachmittags an. Im. Lager wurden wir sofort auf die Stuben verteilt, empfingen Essgeschirr und eine warme Suppe und wurden dann ins Bett geschickt. Nach der auf der Eisenbahn verbrachten Nacht schlief ich wundervoll und wurde am nächsten Morgen um 5.30 sehr unsanft durch die Pfeife des Vormannes geweckt. Dann ging es mit der üblichen Heize los: Waschen, anziehen, Betten bauen, Stube fegen und schließlich Frühstück. Am Tage ereignete sich nichts von Bedeutung. Wir wurden langsam an den Betrieb liier gewöhnt. Gehen ist grundsätzlich verboten; der Laufschritt ist die langsamste Gangart. Gestern wurden wir eingekleidet; wenn Ihr mich sehen würdet. Meine Hose ist noch enger als die von Bahlmann, Und dann besteht sie nur aus Flicken, Meine Jacke geht. Nur die Stiefel machen mir Sorgen. Ich habe keine Stiefelbänder und bitte Euch deshalb, mir schwarze zu schicken. Auch bitte ich um mein letztes Paar Socken und Briefmarken. Wir haben nur Fußlappen bekommen, und ich habe keine Lust, sie zu tragen. Mit unseren Vorgesetzten haben wir viel Glück. Unser Vormann und Zugführer waren bisher sehr gemütlich. Es sind beides Hamburger. Am Mittwoch beginnt erst der eigentliche Dienst, dann wird es wohl etwas anders hergehen. Fast vergaß ich, dass ich meine Hosenträger brauche. Da ich noch nicht weiß, wie lange die Post dauert, ist es vielleicht schon der Osterbrief. Ich wünsche Euch deshalb ein recht frohes Osterfest.

Unterbrechung. Wir haben heute schon Dienstag, und ich hoffe, dass ich den Brief endgültig vollenden kann. Von gestern Vormittag bis jetzt waren wir so beschäftigt, dass ich unmöglich Zeit hatte, noch dazu, da wir jeden Abend schon um 21.00 im Bett sein müssen.

Pause. Heute Vormittag wurde ich wieder gestört, und lange wird die Freude jetzt auch nicht dauern, denn es ist schon 20.00. Aber morgen stecke ich den Brief ein, damit ihr Ostern bestimmt Post habt. Heute sind wir untersucht worden, und morgen sollen wir unsere gute Uniform haben. Gleichzeitig beginnt auch der Außendienst. Ich fürchte, es gibt Zunder. Jetzt müssen wir immer, wenn wir auf der Stube sind, Stubendienst machen. Heute erhielten wir Löhnung - 25 Pf. Pro Tag. Zigaretten haben wir bis jetzt noch nicht bekommen.

Wenn ihr kommt, dann ... bitte. Außerdem könnte ich sehr gut noch einen Beutel gebrauchen.

Nun nochmals herzliche Ostergrüße von Eurem Eskel.

Grüßt bitte alle Bekannten und sagt, dass ich bis jetzt wenig Zeit habe.

Graudenz/22.4.1943

Liebe Eltern,

es war wirklich eine Überraschung gestern, als ich euer liebes Päckchen bekam. Ich hatte vor Sonntag nicht mit Post gerechnet. Also habt beide vielen herzlichen Dank dafür. Ich habe mich gewundert, wie schnell die Post gegangen ist. Die Bilder sind prima. Ich kann mir gar nicht vorsteilen, dass ich so ausgesehen habe. Hier verlottert man total; kein warmes Wasser zum Händereinigen. Naja. Zu Ostern habe ich außer Adri niemandem geschrieben, es fehlt mir an Briefmarken und geeignetem Schreibmaterial, dass ich absolut keine Zeit habe, lange Briefe zu verfassen. Wenn es möglich ist, schickt mir bitte einige Briefkarten her. Das ist so das richtige Format. Ansichtskarten gab es hier bislang noch nicht zu kaufen. Es ist wirklich ein Krampf. Grüßt bitte die Niendorfer Obendorfs, Frau Kampermann und Meyers von mir recht herzlich und berichtet Lilien von meiner Not. In die Stadt kommen wir noch lange nicht. Mittwoch hat der Außendienst begonnen, und wir stecken noch in der ersten Grundausbildung. Man macht uns gehörig Dampf. In der letzten Nacht mussten wir raus und einige fürs Vaterland machen, da die Stube nicht gefegt war. Dabei ist die Zeit ewig knapp; das ist überhaupt das größte Übel: immer mit avec, morgens, mittags und abends. Aber man gewöhnt sich daran, morgens 5.30 wird man unsanft geweckt: raustreten, Frühsport. Dann im Eiltempo waschen, anziehen, Betten bauen und sonstige Dienste. Danach gibt's Frühstück - 40 g Butter für abends mit, und Brot ausreichend. Dann beginnt (Blatt 2 fehlt)

Graudenz/29.4.1943
Liebe Eltern,
am 23. Erhielt ich dankend Euren lieben Brief vom 21.4. Ich wollte noch auf das Paket warten, um Euch zu schreiben, da das Päckchen so schnell angekommen war. Aber es heißt, dass unsere Pakete auf der Post liegen und nur nicht vom Lager abgeholt werden. Das M.P. ist alle. Es hat einfach wunderbar geschmeckt. Ein Hochgenuss. Ich warte jetzt natürlich sehnlichst auf das Paket. Denn bei unserer Massenkost wird dein Kuchen ja eine unbezahlbare Delikatesse sein. Na, ich hoffe noch. Heute sind wir zum 2.ten Male geimpft worden. Morgen kriecht dann alles herum. Raucherkarten haben wir immer noch nicht. Ich sitze schon lange trocken. Ostern bekamen wir Apfelsinen. Ich habe die Hälfte davon gegen Zigaretten vertauscht, um jedenfalls etwas zum Rauchen zu haben. Ostern habe ich so verbracht, als ob es überhaupt kein Ostern war. Am Ostermontag fiel ich auf und musste mit noch einigen Leidensgenossen den Abort leeren, da er überlief. Eine Sauerbeit, wie Ihr Euch ja vorstellen könnt. Langsam beginnt der Dienst. Man macht uns gehörig Dampf, besonders bei Stubenabnahme. Wir müssen dann raus, wieder anziehen, Betten bauen, Stube fegen und dann draußen antreten. Danach geht es dann wieder in die Betten. Und das wiederholt sich dann. Spaten haben wir auch empfangen und sind gerade heute mit Griffen angefangen. Na, das wird noch Zunder geben. Was mir auffällt, sind die vielen politischen Schulungen.
Wir haben mehr Innen- als Außendienst. Teilweise kommt mir der Verein höchst lächerlich vor. Arbeitsunterricht mit dem Spaten, Hacke und so weiter. Interessiert mich nicht im Geringsten. Bei allem (Blatt 2 fehlt)

Graudenz/2.5.1943
Liebe Eltern,
gestern bekam ich die Münchener, wofür ich Euch recht herzlich danke. Wir haben zwei herrliche Tage hinter uns, so dass ich Euch einiges berichten kann. Gestern, am Sonnabend, fand um 9.00 morgens die Vereidigung statt. Ich fand, es war eine reine Formsache. Irgendetwas Tiefes habe ich nicht empfunden, aber das mag daher kommen, dass ich nicht recht weiß, wofür ich im R.A.D. bin. Aber mir geht es absolut

nicht allein so. Für uns war die Hauptsache, dass nachmittags dienstfrei war. Um 13.30 war Urlauberappell, und anschließend ging es zum ersten Male allein hinaus. Ich muss sagen, ich finde es sehr früh, dass wir jetzt schon hinauskommen und noch dazu ohne Vormann. Mit einem Abiturienten, der auch auf unserer Bude schläft, ging ich in die Stadt. Wir haben uns sehr schnell angefreundet und haben in vielen Dingen gleiche Anschauungen. Auch was z.b. den Verkehr mit Mädchen hier betrifft .Finger weg, los ist nichts damit. Er hat schon sein Abitur gemacht, noch friedensmäßig sogar. Zunächst gingen wir an der Weichsel entlang nach geradeaus. Es war ein herrlicher Weg. Die Weichsel fließt hier in einem Urstromtal, und man hat vom Steilufer einen herrlichen Blick über das Land. Die Weichsel selbst ist in einem völlig verwahrlosten Zustande. Überall liegen große Sandbänke mitten im Strombett. Man sieht wirklich die Polenwirtschaft daran. In der Stadt war gerade ein Jahrmarkt, ich glaube, um den ersten Mai zu feiern. Den besuchten wir. Das heißt, wir gingen einmal hindurch. Danach kehrten wir mit der Straßenbahn ins Lager zurück. Die Bahn hier ist noch schlimmer als die in Lübeck. Man muss stets befürchten, dass sie aus den Schienen springt. Und dabei fährt sie so langsam, dass man nebenher laufen kann. Leider hatten wir noch keine Ausgehuniform, so dass wir in unseren alten Klamotten ausgehen mussten. - Pause. - Dienstag.

Sonntag war es schon so spät, dass ich den Brief nicht mehr vollenden konnte, und am Montag hatte ich nicht eine Minute Zeit zum Schreiben. Nun will ich heute den Bericht fortsetzen.

Die Tinte geht mir auch aus, also Tintenstift. Den Rest des Sonnabends verbrachten wir damit, die nähere Umgebung des Lagers kennenzulernen. Graudenz ist eine Festung, und nicht weit von befinden sich gesprengte Bunker und Forts, die wir besuchten. Am Weichselufer mit einem herrlichen Blick über das ganze Land erlebten wir den Sonnenuntergang, Damit war der erste Urlaub hinter uns. Am Sonntag gingen wir nach dem Appell wieder in die Stadt und besuchten den Rummel etwas ausführlicher. Danach ging's heim; ich begann den Brief, und dann war es schon so weit. Am Montag hatten wir abends Dienst, und ich konnte mir nicht einmal die Füße waschen. Heute allerdings schoben wir eine sehr ruhige Tour. Mit fünf Mann wurden wir abkommandiert, Schotter zu fahren. Wir haben uns prima gesonnt, so dass ich im Gesicht ziemlich verbrannt bin. Heute Abend aber erkannte ich folgendes: Der R.A.D. ist eine Organisation, die auf Beschiss aufgebaut ist, angefangen von den 25 Pf. Reinverdienst. Heute Abend sollte ein Arienabend in Graudenz (Blatt 3 fehlt)

Graudenz/4.5.1943

Liebe Eltern,

heute Abend nur einen ganzen kurzen Gruß. Gestern mit vielem Dank Brief erhalten. Endlich ein Lebenszeichen von Euch. Wir sind die ganze Woche als Arbeitsdienst eingesetzt. Morgens 6.00 Abmarsch, Rückkehr gegen 8.30. Dann ist noch so viel zu tun, dass man zu nichts kommt. Morgen schreibe ich ausführlich.

Herzliche Grüße und tausend Dank Euer Eskel.43-05-07

Graudenz/7.5.1943

Liebe Eltern,

gestern erhielt ich mit vielem Dank Muttis Karte und die beiden Päckchen. Entschuldigt bitte, dass ich Euch so lange auf Post warten ließ. Aber lange Briefe an Bekannte verfasse ich nicht, nur Fasts und Adri habe ich bisher außer Euch einen Brief geschrieben. Nun habt aber vielen Dank für die Päckchen. Es ist aber doch ein Gefühl, wieder einmal Kuchen zu essen. Und dann noch Marzipan. Es war einfach ein Hochgenuss. Und vor allem die Zigaretten. Endlich mal wieder rauchen. Die Zigaretten müssen so oft als Ersatz für das 2te Frühstück dienen, da die Zeit immer sehr kurz ist und die 40 g Butter pro Tag noch schneller verschwinden. Das Essen ist weiter gleichbleibend. Nur die Marmelade ist ewig knapp. Es ist ein dauernder Futtereid an unserem Tisch, so dass die letzten nur noch sehr wenig oder keine Marmelade bekommen. Wir sind schon dazu gekommen, dass wir wöchentlich die Plätze wechseln, damit jeder einmal drankommt. Aber sonst hat die Kameradschaft nicht gelitten. Es ist in den letzten Tagen sehr warm geworden, und da wir gestern zum 3ten Male geimpft wurden, ist es nicht gerade angenehm. Der Dienst ist jetzt etwas verschärft worden. Es geht nur im Laufschritt. Heute Nachmittag werden wir „hinlegen" üben, ich sehe schwarz. Unser Urlaub für Sonnabend und Sonntag ist auch in Gefahr. Aber wir haben Extrauniformen bekommen, das ist immerhin schon etwas. Die Hosen sind fabrikneu und haben einen prima Schnitt. Man kann sich jedenfalls damit sehen lassen. Wenn wir Sonnabend Urlaub bekommen, gehe ich in einem See baden. Es ist wirklich eine drückende Hitze. Und man darf nicht einen gehenden Schritt außerhalb der Bude tun, wenn man nicht Honig schleudern oder im Bunker sitzen will. Der Ordnungsdienst besteht zum größten Teil aus Griffe klopfen mit dem Spaten. Das ist die ruhigste Beschäftigung, das klingt paradox, aber es ist so.-

Unsere Raucherkarte ist immer noch nicht eingetroffen. Nach Euren Zigaretten sitze ich wieder blank. Ich finde, das ist eine ziemlich schlechte Organisation. Und dann habe ich noch eine Bitte. Könnt ihr mir vielleicht ein paar Kuchenmarken schicken, damit ich sonntags mal ins Kaffee gehen kann. Einstweilen nochmals recht herzlichen Dank für die beiden Päckchen und viele Grüße von Eurem Eskel.

Graudenz/9.5.1943
Liebe Eltern,
vorgestern erhielt ich mit vielem Dank Muttis Brief und Päckchen. Ich muss sagen, ich war mehr als überrascht. Donnerstag zwei Päckchen und Freitag noch eins. Also habt recht herzlichen Dank dafür. Der Butterkuchen war noch prima, vorne die Spitzen des Kuchens waren richtig saftig und schmeckten ausgezeichnet. Die Aale sind auch in prima Zustand hier angekommen. Sie schmecken herrlich, und ich kann mir damit mein Brot etwas reichlicher belegen. Dass Ihr mir die Münchener und die Berliner schicken wollt, ist sehr nett, da wir hier kaum Zeitschriften bekommen. Fliegeralarm haben wir hier bisher noch nicht gehabt, in Graudenz haben sie auch noch nie Bomben geworfen. Mit dem Schreiben ist es so eine Sache. Ob ich es immer abpassen kann, dass ihr am Sonntag Post habt, weiß ich nicht. Am Sonntag selbst haben wir die meiste Zeit zum Schreiben, und ich will dies auch noch ausnutzen heute. An den Wochentagen kann ich Briefe immer nur in Bruchstücken verfassen, denn wir können jeden Augenblick herausgerufen werden. Ostern haben wir kein Ei bekommen, bisher überhaupt noch nicht. Die Verpflegung wirkt sowieso etwas eintönig und fade auf die Dauer. Da bildet ein Päckchen von Euch immer einen Leckerbissen. Und man bekommt mal wieder Geschmack in den Mund. Genauso ist es mit einer Zigarette. Wenn man welche hat, sieht das Leben ganz anders aus. Denn 5 Zigaretten am Tag sind nicht viel. Gestern Abend war wieder Ausgang. Und da bin ich doch etwas überrascht worden. Wir verließen gegen 19.00 das Lager und hatten bis 23.00 Urlaub. Zunächst ging es auf den Rummel, wo wir noch ein viertes Rad von unserem Wagen entfernten. Danach gingen wir zu dritt in das uns schon bekannte Lokal und bestellten Weißkäse mit Kartoffeln, Suppe und Kompott. Die Qualität war auszuhalten, es glich unserem Lageressen. Nach dem Essen bestellten wir noch ein Bier, und da ... bekamen wir, ohne bestellt zu haben, einen Schnaps. Danach legte man uns die Weinkarte vor, und wir tranken zu dritt eine Flasche Rotwein. Ich war wirklich überrascht. Alles von selbst, und dass es so etwas überhaupt noch gibt. Zu teuer war es auch nicht. 12 RM kostete der Spaß für alle zusammen. Ich bemerke zu meinem Schrecken, dass meine Kasse

nicht ganz voll ist. Ich habe ungefähr noch 10 RM. Und das ist nicht genug hier, da man immerhin etwas ausgeben kann. Und im Haus bleiben will ich nicht. Ich denke nur noch an den Arienabend, wo ich im Hause geblieben bin. Also ist es möglich, dass Ihr mir zum nächsten Sonntag etwa so na 30 - 50 RM schickt. Ich glaube, im Einschreibebrief geht es am schnellsten. Und das wird denn auch eine Zeit langen. Aber seid bitte so gut. Heute ist auch Ausgang. Am Abend hören wir wahrscheinlich den Vortrag eines Norwegers über seine Flucht aus England. Ich hoffe, es wird interessant werden. Sonst gehen wir wieder in „unser" Hotel. Mit meinen beiden Freunden ist es sehr nett. Wir treiben alle drei einer Pleite zu und schreiben alle nach Geld. Ich bin heute dran, zu
bezahlen, und danach ist es bei mir Essig, Im Laufe der Woche schreibe ich Euch dann, wie ich den heutigen Tag verlebt habe. Nochmals vielen Dank für die Aale und die Münchener.
Herzliche Grüße sendet Euch Euer Eskel

etwa gleichzeitig ein einzelnes Blatt aus Graudenz
... Unterricht halte ich mich genauso mühsam wach, wie in der Penne. Der R.A.D. setzt sich zur Hälfte aus H J. Manieren und zur anderen aus Militärmanieren zusammen. Irgendeinen Posten habe ich noch nicht .Man hat auch keine großen Vorteile davon. Gearbeitet haben wir noch gar nicht. Ich bezweifle dies überhaupt. Wenn Du mir die Münchner und Berliner senden würdest, wäre ich sehr froh. Zum Lesen des Buches bin ich noch gar nicht gekommen. Ich schrieb Euch schon, dass es mit der Zeit sehr knapp bestellt ist. - Pause. - Ich wollte den Brief gestern Abend vollenden, aber ich kam wieder nicht dazu. Denn nach dem Essen musste ich zum Paketempfang. Das war natürlich eine große Freude, so dass ich gerne wartete. Also habt vielen Dank für die prima Kuchen. Ein echter Puffer und dann die herrlichen Plätzchen. Also es war eine große Freude. Gleichzeitig erhielt ich Euren Brief vom 27.4. Für die eingelegten Briefmarken danke ich herzlich. In unserer Kantine gibt es weder sie noch Karten zu kaufen. Und in der ersten Zeit kam niemand in die Stadt. Wir haben jetzt einen Zankranken auf der Bude, und von ihm habe ich einige Karten und Marken bekommen, so dass ich allen Bekannten erst einmal eine Ansichtskarte geschickt habe. Mein Geld habe ich nicht verspielt, sondern, im Gegenteil, bei der enormen Löhnung vermehrt es sich täglich um 25 Pf. Sonnabend und Sonntag soll Ausgang sein. Wenn ich nicht auffalle, habe ich Aussicht, hinauszukommen. Am Dienstag ist in Graudenz ein Arienabend mit Hans Wocke, für den ich eine Karte habe. Gestern haben sie uns die Haare geschnitten. Wie wir jetzt aussehen, ist nicht zu beschreiben.

Nun nochmals vielen vielen Dank für Paket und Brief und viele herzliche Grüße sendet Euch euer Eskel.

Halberstadt/11.5.1943

Liebe Eltern,
heute hörten wir, dass wir höchstwahrscheinlich noch etwas hierbleiben werden. Ihr könnt also noch einmal hierherschreiben, wenn es möglich ist. Herzliche Grüße Euer Eskel.

Halberstadt/12.5.1943

Liebe Mutti,
zunächst möchte ich Dir recht herzlich zum Muttertag gratulieren und Dir sehr für all Deine Güte danken, die Du mir so oft gezeigt hast. Gerade jetzt, wo ich nicht im Hause bin, weiß ich sie zu schätzen und spüre sie in jedem Gruß, den ich von Dir bekomme. - Am Montag erhielt ich die beiden Einschreiben. Ich war wieder sehr angenehm überrascht. Ich dachte, dass ich gegen Ende der Woche eventuell ein Päckchen bekommen würde, wie Du schriebst. Aber ich teile mir den Inhalt jetzt ein, dass ich jeden Tag etwas habe. Gestern erhielt ich endlich meine Raucherkarte. Leider sind alle Abschnitte von Januar - April verfallen; ich lege sie bei, vielleicht könnt Ihr mir dafür Zigaretten besorgen? Aber erstmal habe ich welche. Es gibt zwar nur 4 am Tag, aber für einige Zeit komme ich aus. Vielleicht tut Frau Obendorf ja etwas.
Am Sonntag hörten wir den Vortrag des Norwegers über seine Flucht aus England. Es war natürlich Propaganda. Das Beste an der Vorstellung war, dass man den Redner nach seinen Ausführungen in seiner Ecke stehen ließ und ihm nicht einmal dankte. Es war wirklich unerhört. Das Leben verläuft hier in ziemlicher Eintönigkeit, so man nicht aus dem Lager herauskommt. Morgen gibt es das „Maskottchen" in Graudenz; ich gehe wieder hin. Sonst ist hier wirklich nicht viel los. Das Leben ist so eintönig. Jeden Tag denselben Dienst, den niemand fertig macht. Trotzdem kippen manchmal einige um. Ich verstehe das nicht. Mir geht es gesundheitlich unverändert gut, Ich bin ein bisschen erkältet; sonst nichts. Sonntag berichte ich Euch weiter. Bis dahin nochmals vielen Dank für die Päckchen und herzliche Grüße von Eurem Eskel

Graudenz/16.5.1943

Liebe Eltern, zunächst möchte ich Euch für die beiden letzten Briefe herzlich danken. Die Kuchenmarken werde ich am nächsten Sonnabend gut gebrauchen können. Die Zeitschriften lese ich immer abends im Bett. Dann hat man wenigstens Ruhe. Es ist wirklich ein ungewohntes Leben, das man hier führt. Ich muss sagen, man lebt einfach in den Tag hinein. Ich erwarte nichts außer Post, und dass die Zeit genauso schnell vergeht wie bisher. Es ist kaum zu glauben, dass schon ein ganzer Monat herum ist. Das ist mindestens ein Drittel der Lagerzeit. Heute haben wir keinen Ausgang, da wir Trupps vom Tagesdienst sind. Das heißt, zu tun haben wir nichts, und so kann ich schreiben. Aber ich weiß nicht; ich habe zu nichts Lust. Das Leben hier befriedigt mich in keiner Weise. Man lernt nichts als Unsinn. Die N.S. Erziehung ist doch vergeblich bei mir. Wenn die damit ankommen, dass Tunis nicht so schlimm ist, dann können mir die Leute. Am Mittwoch waren wir im „Maskottchen", es war ganz nett. Nur die Musik schien etwas von Lincke und ähnlichen Komponisten geborgt. Sonst ist die Operette, was den Inhalt betrifft, gleich null. Aber die Schule, in der die Vorstellung stattfand, war einfach großartig. Und die stammte bestimmt aus der Polenzeit. Eine solche Einrichtung habe ich an einer Schule noch nicht gesehen. Die Flure, Säle, Turnhalle, alles war tadellos. Wie ich. aus Muttis Brief aus Lübeck hörte, ist Mutti ja nur noch Geschäftsreisende. Na, ich sage Euch aber, wenn ich wieder im Hause bin, wird das anders. Ich hab richtigen Hunger auf pikante Sachen. Auf was Edles. Einstweilen herzliche Grüße von Eurem Eskel.

Graudenz/19.5.1943
Liebe Eltern, zum Sonntag möchte ich Euch einen schönen Gruß senden. In dieser Woche ist die Eintönigkeit des Lagerlebens durch die Wache unterbrochen worden. Das war vielleicht ein Blödsinn. Man hatte uns gesagt, es sei eine Ehre; aber die Wirklichkeit. Was bei uns für Mist gemacht wurde, ging auf keine Kuhhaut. Nachts muss das Lager durchstreift werden, und es ist darauf zu achten, dass jeder nachts den Abort benutzt und nicht hinter die Baracke geht. Geschnappt habe ich einen dabei, aber nicht gemeldet, da ich auch einen Führer bei der gleichen Sache sah.
Außerdem ist es verboten, dass der Posten während der Runde austritt. Ich habe nachher gefragt, alle waren während der Nacht dort. Den Spaten haben wir dabei mitgenommen. Die Hälfte meiner Runde habe ich hinter der Führer-Baracke verbracht, weil dort bis 1.00 nachts noch prima Tanzmusik war. Außerdem war unser Wachführer so doof, dass von Anfang bis zu Ende der Wache kein einziges Kommando klappte. Freiwillig mache ich den Kram nicht noch einmal. Nachts bekommt man keinen Schlaf und friert stattdessen wie ein Schneider. Und die Schulter, auf der der Spaten liegt,

tut mir heute noch weh. Außerdem hatte ich das Pech, bei jeder Mahlzeit auf Posten zu stehen. Dafür gehe ich heute ins Varieté. Heute Morgen ging es zunächst zur Baustelle. Totgearbeitet habe ich mich nicht, das will ich vorausschicken. Wir fuhren mit dem Rad zu einem Schiess-Stand am Rande von Graudenz. Das ist eine schon fast völlig vollendete Baustelle. Wir können vielleicht noch 8-14 Tage dort arbeiten, dann ist sie vollendet. Wir bekamen eine Schaufel in die Hand gedrückt. Und dann los. Getreu meinem Prinzip, habe ich die Schippe nur halbvoll genommen und auch die Pausen nicht zu klein gemacht. Ich bin ganz gut dabei weggekommen. - Pause. - Gestern bin ich wieder nicht mehr dazu gekommen, den Brief zu Ende zu schreiben, denn gestern Abend gingen wir ins Theater. Wir traten nach dem Abendessen heraus zum Appell. Da hatten wir mal Glück. Theaterbesucher weg marsch! Wir bekamen Urlaub bis eine Stunde nach Schluss der Vorstellung. Das Stück betitelt „Das letzte Abenteuer" war Mist. Ich dachte überhaupt, wir würden ins Varieté gehen. Aber man nimmt jede Karte, egal wofür. Nach dem II. Akt hatten wir die Nase voll und gingen weg. Wir aßen noch zu Abend, und dann ging's zurück ins Lager. Heute sind wir nun schon fünf- Wochen im R A D; Die Zeit vergeht mit Windeseile. Wir tragen jetzt Drillichzeug, und es ist ziemlich kalt, da wir diese Woche sehr windige Tage haben. Im Nebenlager sind neue Männer angekommen; ich habe zufällig einige Lübecker gesehen. Vielleicht sehe ich sie mal auf Urlaub. Ich brauche ziemlich dringend schwarze Schuhcreme, meine ist am Rande angelangt. Einstweilen herzliche Grüße von Eurem Eskel

Graudenz/3.6.1943
Liebe Eltern,
ich habe heute wieder Gruppenwache in Graudenz und möchte Euch bei dieser Gelegenheit herzlich für Muttis Brief vom 1 .VI. danken, Frau Kampermann und Burmeesters habe ich endlich auch einmal geschrieben. Du weißt ja, wie es bei mir geht, ehe ich zum Schreiben komme, und im Lager fehlt einem immer die nötige Ruhe dazu! Entweder man wird beschäftigt mit irgendwelchem Blödsinn, oder es ist Krach in der Stube. Es ist daher sehr angenehm, einmal in Ruhe hier schreiben zu können. Wir sitzen mitten im Grünen auf einer Gartenbank. Einen Tisch haben wir uns herausgeholt. Es ist ein herrliches Wetter heute Abend. Es ist milde, kein Wind und Regen - also einfach Sommer. Ich bin total zufrieden, noch dazumal, da wir als Wache eine prima Extraverpflegung von einem Glas Marmelade mit zwei Mann erhalten haben. Auch noch mehr Brot. Bei dieser Gelegenheit muss ich Euch nochmal herzlich für die Marmelade und die Eier danken. Sie haben prima geschmeckt. Das Päckchen, das Ihr in diesem Brief an-

kündigtet, ist noch nicht da. Aber es dauert ja leider immer etwas lange. Ihr scheint auch noch ganz gut zu leben, wie Ihr schreibt. Milch und Schmand, wenn ich daran denke! Mit meinen Freunden ist es absolut nicht aus. Ich hoffe, Ihr werdet den einen einmal kennenlernen, denn er fährt häufiger nach Sierksdorf. Wir sind heute auch zusammen hier. Am letzten Sonnabend habe ich mich in Graudenz fotografieren lassen in einem Atelier aus dem vorigen Jahrhundert. Hoffentlich werden die Bilder gut. Sie werden Euch zugeschickt. Bezahlt habe ich sie. Wenn Ihr könnt, schickt mir einen gewöhnlichen 6x9 Film. Bei uns hat jemand einen Apparat, der dann die Aufnahmen von mir macht. In der Stadt hatte ich ja die erste Garnitur an, aber Ihr müsst mich auch mal im Drillich gesehen haben. Ich sage Euch, meine Schlauchhosen müssen festgehalten werden. Heute Morgen war zum ersten Male Ordnungsdienst, der es in sich hatte. Abteilungsexerzieren. Junge, wir mussten laufen. 200 Mann in einer Reihe und dann Schwenkungen im Laufschritt. Dafür werden wir uns morgen einen ruhigen Tag machen. Wir werden zu spät ins Lager kommen von der Wache und uns anschließend sonnen. Langsam geht mir das Licht aus, und ich will schließen, indem ich Euch herzliche Sonntagsgrüße sende. Euer Eskel

Graudenz/7.6.1943
Liebe Eltern,
zunächst danke ich Euch recht herzlich für die Zeitungen und den einliegenden Brief. Das Päckchen ist bis heute immer noch nicht da. Ich wollte eigentlich schon gestern schreiben, aber ich sagte, dass es heute vielleicht kommen würde und ich Euch gleich den Empfang bestätigen könnte. Na, warten wir ein bisschen. Ich habe heute schon wieder Wache. Dieses Mal leider im Lager selbst. Sonnabend waren wir in der Stadt. Ich sah mir einen tschechischen Film in deutscher Fassung an und konnte dabei nur feststellen, dass das Filmniveau seit der K.L.V. Zeit nicht geändert hat. Danach versuchten wir noch zu essen, was uns aber nur teilweise glückte, denn um diese Zeit waren sämtliche Gaststätten überfüllt. Sonntag blieb ich dann im Haus. Ich halte es jetzt immer so. Ein Tag in Graudenz genügt mir völlig. Ich spare mir dann immer etwas von der kalten Ration für Sonntag auf und kann dann den Tag in aller Ruhe verbringen. Vormittags habe ich wieder Schach gespielt mit unserem Zugführer. Nach dem Mittag habe ich ein kleines Schläfchen gehalten, das mir sehr wohltat. Auch anschließend aus Langerweile ein Spielchen, 17 und 4, das meine Ausgaben vom Sonnabend um ein Mehrfaches deckte. Abends ging es dann früh ins Bett, und heute früh hatte ich dann prima ausgeschlafen. Heute waren wir wieder auf

der Baustelle. Es war wieder eine sehr ruhige Kugel. Am letzten Freitag und Sonnabend jedoch haben wir arbeiten müssen. Ich kann nur sagen, auch das tat mal gut. Wir mussten einen Graben für ein Leitungskabel ausheben, ungefähr 1 m tief und 50 cm breit. Der Boden war so fest, dass wir immer abwechselnd mit Kreuzhacke und Schaufel arbeiten mussten. Aber Freude machte mir dies doch, denn man sah auf jeden Fall, was man tat. Aber immer arbeiten wir nicht so. So, ich muss gleich auf Posten, und ich möchte nur noch am Ende des Briefes einige Wünsche äußern. Mein Seifenpulver ist alle, und meine Rasierseife geht auch auf den Rest, da ich sie auch zum Waschen benutzt habe. Dann habe ich die Möglichkeit, für eine Flasche Süßwein eine Dauerwurst einzutauschen. Könnte ich vielleicht eine Flasche bekommen? Nun erstmal herzliche Grüße, auch an Obendorfs, von Eurem Eskel.

Graudenz/11.6.1943
Liebe Eltern,
gestern erhielt ich mit vielem Dank Euren lieben Brief vom 8. VI. Das Päckchen war leider noch immer nicht da, aber überraschend bekam ich eines von Tante Trudel aus Linz, aber ich hoffe ja auf heute. Nun möchte ich Euch zu Pfingsten meine herzlichsten Grüße senden, und ich wünsche Euch, dass Ihr Pfingsten bei gutem Wetter fröhlich verleben könnt. Heute Morgen war Besichtigung durch den Generalarbeitsfiihrer, und anschließend gab es Dunst wie noch nie. Immer im Laufschritt durch den tiefen Sand. Eine Stunde lang. Na, es war ganz schön. Es waren nur die Vormänner, die sich mal wieder zeigen wollten. Anschließend war ein Krach auf der Stube, der sich gewaschen hat. Für Pfingsten hier sehe ich ziemlich schwarz. Ich glaube fast, ich werde das erste Bad in diesem Jahr in der Ostsee nehmen. Hier sind wir noch nicht dazu gekommen. Über den Termin der Entlassung gibt es hier viele Gerüchte, besonders auf dem W.C. Nur weiß niemand etwas Bestimmtes. Ich glaube kaum, dass es vor dem 15. VII. sein wird, aber die Zeit rast ja. Heute sind wir genau 8 Wochen im Lager, und den Rest schaffen wir auch. - Pause. - Na, heute, das war vielleicht ein Tag. Der Vormann riss vor Wut sein Bett ein und kippte 4 Eimer Wasser in die Stube, als Rache, da wir ihn ein wenig ärgerten. Zeit habe ich dafür heute überhaupt nicht. Ich muss Euch deshalb bis Pfingsten selbst vertrösten, wo ich länger schreibe. Nochmals herzliche Pfingstgrüße von Eurem Eskel.

Graudenz/14.6.1943
Liebe Eltern
zunächst danke ich Euch recht herzlich für den lieben Pfingstbrief. Irgendein Päckchen ist immer noch nicht angekommen. Das eine gebe ich bald

auf, wenn es nicht in den nächsten Tagen ankommt. Na, ich werde darüber berichten. Pfingsten habe ich ziemlich bescheiden verlebt. Freitag begann es. Wir wurden zuerst geschliffen, dass es seine Art hatte. In einem Sandhaufen mussten wir mit Spaten über eineinhalb Stunden laufen. Wir waren leicht durchgeschwitzt, da das Ganze im Sonnenschein bei Mittag stattgefunden hat. Man musste uns ja über Pfingsten Urlaub geben, aber die Appelle, die dem vorausgingen, waren so, dass nur 30 von 200 Mann ausgingen.

Sonnabend und Sonntag war ich mit zum Appell angetreten und kam auch pünktlich heraus. Heute blieb ich im Haus, um zu schreiben. Na, ich hab mit diesem fünf Briefe geschrieben. Es ist immerhin eine Leistung für meine Schreibfaulheit hier. Und Ruhe gibt es auf der Stube auch nicht, da irgendwelche Brüder immer Radau machen. Sonnabend war ich im Kino und sah „Meine Freundin Josefine". Sonntagabend spielte im Graudenz eine 14köpfige Unterhaltungskapelle. Das war vielleicht eine Sache. Die Musik war prima. Das war aber auch das einzig Gute an Pfingsten. Gestern und heute Morgen hatten wir immer Appelle in Spaten, Spind und Betten. Nachts mussten wir auch mehrfach heraus und pumpen. Leider geht mir das Licht aus, denn es ist schon nach Stubenabnahme. Herzliche Grüße sendet Euch Euer Eskel

Einzelnes Blatt:
... der Dienst: Unterricht, Ordnungsdienst und Sport. Dazwischen liegt eine Pause, in der man essen und rauchen kann. Meine letzte Zigarette habe ich heute aufgeraucht. Ich sehe schwarz, wann wir welche bekommen. Auch das Mittagessen ist ausreichend; an gewissen Tagen sogar gut. Am Nachmittag gibt es dann Revierdienst, Putz- und Flickarbeiten und Unterricht. Nach dem Abendbrot, zu dem es Milchsuppe gibt und Brot, ist etwas Zeit zum Waschen und Putzen sowie auch zum Schreiben. Aber beeilen muss man sich auch da noch, denn um 9,00 muss alles im Bett liegen. Davor ist die Stube noch zu reinigen, der Spind aufzupacken und das tägliche Zeug tadellos viereckig auf dem Wecker zu verpacken. Heute sind wir geimpft worden; das passiert hier alle 14; Tage, Am 1. Mai sollen wir vereidigt werden. Anschließend kann es Ausgang geben, wenn wir alles in Ordnung haben. Aber ich glaube, das wird noch Zeit haben. Das Erdkundebuch mit Krebs stimmt so, ich hab's natürlich vergessen. Ist die Tennis-Saison schon eröffnet? Nun nochmals recht vielen Dank für das Päckchen und herzliche Grüße von Eurem Eskel.

Danzig/16.6.1943
Liebe Eltern,

wir sind gerade auf der Durchreise nach einem kleinen Dorf an der Ostsee, wo wir eine leere Abteilung für 14 Tage bewachen sollen. Das ist vielleicht ein Glück! Von Danzig aus wollte ich Euch diese frohen Neuigkeiten nur mitteilen und Euch gleichzeitig für die beiden Päckchen danken, die ich gestern mit vielem Dank erhielt. Meine Post geht weiter ins Lager. Sie wird nachgeschickt. Bis auf weiteres herzliche Grüße von Eurem Eskel.

Zarnowitz/17.6.1943

Liebe Eltern,
zunächst möchte ich Euch nochmals für die beiden Pakete danken, die ich gerade noch zur rechten Zeit erhielt. Es war mal wieder picobello. Auch das Einschreiben, bzw. der Inhalt, war noch prima frisch. Auf den Lachs freue ich mich sehr, ich werde ihn bald essen. Also nochmals vielen Dank für die herrlichen Sachen.

Dann möchte ich etwas ausführlicher als gestern von Danzig über meinen etwas plötzlichen Wohnungswechsel berichten. Dienstagnachmittag hieß es plötzlich: Trupp 4 geht nach Zarnowitz als Wachkommando für die dortige leerstehende Abteilung. Da aber unser Trupp auf Wache ziehen sollte, wurde Trapp 5 bestimmt. Mein Freund und ich aber hatten ausgerechnet dieses Mal keine Wache, und so konnten wir es deichseln, dass wir beide mitkamen. In aller Hast wurde dann gepackt, denn unser Zug fuhr am nächsten Morgen um 7.00 von Graudenz Hbf., und wir hatten noch eine Stunde mit Gepäck zu klotzen. Früher habe ich ja manchmal gestöhnt, was alles in den Affen hinein musste. Aber das war ein Kinderspiel gegen den R.A.D. Mein Drillichzeug, eine vollständige Tuchgarnitur, Trainingsanzug, ein zweites Paar Stiefel, Laufschuhe und dann, was sonst noch zum täglichen Leben gehört. Ich lüge nicht, wenn ich behaupte, dass ich 50 (kg oder Pfund?) zu tragen hatte. Dazu kamen dann noch die Gasmaske, der Spaten, der Brotbeutel und das letzte Paket, in das ich meine Fressalien von Euch gestopft hatte. Es war vielleicht eine Tortur zum Bahnhof. Wir waren schon morgens in Schweiß gebadet. Von Graudenz fuhren wir bis Marienburg in einem überfüllten Personenzug. Dort stiegen wir in einen D- Zug, wo wir auch nur Stehplätze im Gang bekamen. Überhaupt das Umsteigen mit unserem Gepäck war eine Freude ganz besonderer Art. In Marienburg sahen wir vom Zuge aus die herrliche alte Ordensmeisterburg. Es war ein großartiger Anblick! In Danzig hatten wir drei Stunden Aufenthalt, die ich zu einem Rundgang durch das alte Danzig benutzt habe. Das Kreuztor, die Marienkirche und den Rest des Stephanbrunnens habe ich gesehen. Ich muss sagen, ich war restlos von Danzig begeistert. Es ist noch viel schöner als das unzerstörte Lübeck. Besonders die Marienkirche ist ein großartiges Bauwerk. Der Altar ist holzgeschnitzt und vergoldet. Er muss von einem der bekanntesten Schnitzer gefertigt sein. Weißt Du den Namen? Wir aßen dann in einem alten Restaurant und bemerkten dabei nur, dass es wenig geschmackvoll sei, sein Essen dort so einfach in aller Hast herunterzuschlingen. Es schwebte so etwas wie ein Hauch aus ruhiger alter Zeit in den Räumen. Aber das Tempo geht darüber hinweg. Danach fuhren wir nach Gotenhaften. Ich sage Euch, der Unterschied konnte nicht grösser sein, als zwischen Danzig und Gotenhafen. Was die Polen dort gebaut haben, spottet aller menschlichen Kultur. Große viereckige Klötze dicht bei dicht mit unverputzten Fassaden, alle symmetrisch angeordnet, so sieht die Stadt aus. Wir hatten sehr bald genug von diesem Nest und stellten nur fest, dass es eine Strafe sein müsse, dort zu wohnen. Nachdem wir die Hauptstraße des ehemaligen Gdingen heruntergewandert waren, suchten wir den Hafen auf, da wir dort einige Kriegsschiffe gesehen hatten. Dort verrosteten dann auch zwei große Pötte. Ich schätze, es waren Kreuzer. Außerdem lag die Cap Arcona im Hafen. Alle Schiffe waren durch Torpedonetze geschützt. Ich möchte wissen, wie da ein U-Boot eindringen soll. Von Gotenhafen ging es dann weiter im Klüngelzug, der mich sehr an die Timmendorfer Bäderbahn erinnerte. Wir mussten unterwegs dann zum vierten Male umsteigen; diesmal in eine Eisenbahn aus dem vorigen Jahrhundert. Abends um 20.30 waren wir endlich in Krockow, unserem Reiseziel. Von dort ging es zu Fuß nach Zarnowitz, ca. 6 km mit unserem Gepäck. Das war vielleicht eine Plage. Den ganzen Tag auf den Beinen und dann noch solch einen Marsch. Wir waren alles andere als erbaut. Nach einer guten Stunde war aber auch das geschafft. Und dann sahen wir das Lager, als wir 50 m davor standen. Es liegt mitten im Wald in einer Mulde. Es ist einfach idyllisch still hier. Ich werde mal einige Aufnahmen von hier mitbringen, denn es lohnt sich mehr, dieses Lager zu knipsen, als dasjenige in Graudenz. Dies ist hier überhaupt ein ideales Lager. Leider gibt es nur manchmal Licht und Wasser. Wie es mit dem Essen ist, steht auch noch nicht fest. Unsere Vorgänger beklagten sich sehr darüber. Unsere Tätigkeit besteht daraus: morgens eine Stunde oder etwas mehr Ordonnanzdienst bei den Frauen der R.A.D. Führer dieser Abteilung. Und dann jeden fünften Tag Wache. Allerdings ohne Spaten und sonstigen Klimbim. Morgens schlafen wir bis 8.00Uhr, welche Wonne, und abends gibt es keinen Zapfenstreich. 20 Minuten entfernt liegt ein See, und die Ostsee ist 6 km entfernt. Die Badegelegenheiten sind zwar etwas entfernt, aber wenn unser Muskelkater vorbei ist, werde ich wohl mal baden. Ich bin gespannt, wie uns diese Ruhe bekommen wird. Im Lager würde es bestimmt ein übles Erwachen geben, wenn dann nicht die Lagerzeit bald herum wäre. Der Entlassungstermin ist immer noch nicht bekannt. Man glaubt, so am

10. Juli. Na, es wird schon werden. Meine Post wird mir nachgeschickt. Es lohnt sich nicht, sie erst hierher zu senden. So, das wäre einstweilen alles. Nochmals vielen Dank für die Pakete und herzliche Grüße von Eurem Eskel.

Zarnowitz/20.6.1943

Liebe Eltern,
zunächst möchte ich Euch recht herzlich für Euren Brief vom 15. Und die einliegenden Briefmarken danken. Ich bekam ihn schon am 18. Hier in Zarnowitz, recht schnell also. Ihr könnt die weitere Post also ruhig nach Graudenz richten, inzwischen haben wir uns in Zarnowitz famos eingelebt. Morgens ist immer zwischen 7.00 und 8.00 Wecken. Das richtet sich je nach Lust. Anschließend macht sich jeder so fertig, wie er es selber für richtig hält. Um 9.00 beginnt die „Arbeit". Wir Ordonanzen finden uns bei unseren Stellen ein und pusseln dort so bis gegen 11.00 herum, und anschließend ist Schicht. Noch ein kleines Schläfchen vor Mittag, dann das Essen selbst, und anschließend muss man sich in der Sonne wieder erholen. Nachmittags versucht der blöde Vormann dann noch irgendwelche Arbeiten zu verteilen, aber damit hat er bei uns wenig Glück. Nachmittags ziehen wir beiden meistens los, um zu Fourieren. Zwei Nachmittage haben wir drangegeben und uns die Hacken wundgelaufen, und der Erfolg: jeder Brot die rau Menge, teilweise sogar bestrichen, ein halbes Pfund Käse, jeder 11 Eier und ein ordentliches Stück durchwachsenen Speck. Wir haben heute aber auch gelebt; zum Frühstück Brot, Butter, Marmelade und 2 gekochte Eier. Anschließend nach einer kleinen Pause ein Zuckerei. Zu Mittag gab es dann den üblichen Pamps, aber der störte mich nicht, denn ich brauchte absolut noch nichts wieder zu essen. Heute Nachmittag aß ich noch 2 Zuckereier und war wieder völlig plain, aber dazu hatte ich ein so wabbeliges Gefühl im Magen, dass ich noch ein Speck- und ein Käsebrot aß. Wir haben heute prima Tilsiter bekommen. Gegen Brot, das ich sehr reichlich habe, tauschte ich noch 2 Rationen ein und hatte ca. 200 g Käse. Das war vielleicht eine Esserei heute. Über Mittag war mir ganz übel. Ich ging daher erst einmal in den Krug und trank einen Pott Bier. Danach ging es wieder. Du siehst also, es ist hier wirklich prima. Wenn wir ins Lager zurückkommen, gibt es wieder ein Aufwachen. Am meisten verlottert der Vormann. Hier sieht man am deutlichsten seine völlige Unfähigkeit und auch seine Haltlosigkeit. Er liegt bis Mittag im Bett und verlangt, dass wir aufstehen. Na, er kann uns mal. Wir beide tun, was wir wollen und

teilen uns den Tag so ein, wie es uns gefällt. Es gibt dann meistens auch kein Fluchen vom Vormann, denn wenn wir von unserer Organisationstour zurückkehren, hat der Vormann Weibersorgen. Und selbst von diesen Nutten, die er sich anlacht, lässt er sich von vorne und hinten bedienen. Der Kerl wird hier zum Gespött für uns. Wir können es jedenfalls dabei aushalten. Über die Bilder bin ich vielleicht enttäuscht. Nein, ich glaube, das bin ich wirklich nicht. Ich habe das Bild zerrissen und bitte Euch, dasselbe zu tun; diese Bilder will ich nicht sehen. Hier werde ich einige nettere Bilder selbst machen, so hoffe ich. Denn meine Stimmung ist doch allermeistens recht froh, denn mir geht es doch gut hier im R.A.D. Für die vielen Grüße von den Niendorfern danke ich recht herzlich. Erwidere sie bitte ebenso. Nun Euch beiden herzliche Grüße von Eurem Eskel

Zarnowitz/23.6.1943
Liebe Eltern,
na, das war mal wieder Post. Vorgestern erhielt ich Euren lieben Brief vom 17. Und heute 4 Päckchen: die Aale, die Einschreiben vom 4. VI. und 11 VI. und die Seife. Nun, ich danke Euch recht herzlich für alles. Der Kuchen war noch gut, das Marzipan von Frau (?) noch frisch. Der Käse roch 10 Meilen gegen den Wind; schmeckte aber prima. Nur die Dose mit den Aalen habe ich noch nicht geöffnet. Aber da habe ich keine Befürchtungen. Ich kann jetzt leben wie Gott in Frankreich. Gestern waren wir auf Tour, und es hatte sich mal wieder gründlich gelohnt. Ich freue mich schon auf den Wein. Da mein Wurstkerl ja in Graudenz ist, werde ich den Wein so austrinken. Auch nicht übel. Zuckerei in Süßwein ist ein gutes Stärkungsmittel, nicht wahr? Leider ist das mit dem Zucker so eine Sache. Es gibt ihn sehr selten, und dann 50 g reichen für ein Ei gerade. Sonst brate ich mir ein Spiegelei im Kochgeschirr. Das geht auch tadellos. Überhaupt bin ich zu einem großen Teil Selbstversorger. geworden. Bei den Rationen hier würde man eingehen. Dazu taugt das Mittagessen nicht viel, die Wurst gar nichts und die Marmelade und der Käse wenig. Gegen Graudenz ist es ein krasser Unterschied in der Verpflegung. Es ist überhaupt so ein Ding, wenn wir auf Tour gehen. In Zivil wäre so etwas gar nicht möglich. Man geht von Haus zu Haus und fragt nach Eiern oder ähnlichen Dingen. Dann bekommt man todsicher immer den gleichen Senf von Abliefern, Marken, Strafe, Kontrolle und so zu hören. Danach folgt eine Pause, die entscheidend ist für den Erfolg. Entweder man sagt jetzt endgültig nein, oder man holt eben. Es ist fast überall so, nur selten gibt es gleich etwas, Ausnahmen sind die Ortsvorsteher und Bauernführer. Bei denen gibt es immer sofort. Auch auf der Tour selbst verhungert man nicht. Bei zwei, drei Bauern wurden wir eingeladen und kriegten gleich zu essen. Das stärkt den Magen für die weitere Tour. Häufig gibt es auch eine Tasse Milch oder sogar ein Honigbrot. Man glaubt nicht, was die Leute noch so haben. Mir

geht es auch weiterhin ausgezeichnet hier. Das Leben ist gleich faul geblieben; der Nachmittag gehört uns fast immer. Der Vormann lungert rum und hetzt auf eine widerliche Weise. Er redet immer von einem fälligen Tribut für ihn, den Herrn Vormann, und so. Wenn er so weiter macht, kriegt er nichts. Ich bin doch nicht blöde. Er kann mich gar nicht reinreißen. Er hat hier so viel Mist gemacht, wie nur irgendeiner. Auch heute, als die Päckchen kamen, stand er herum. Ich tat alle in den Spind, knallte die Tür zu und guckte ihn blöd an. Da war er erstmal wieder beruhigt. Mit dem werde ich noch fertig. Frau (?) habe ich auch gedankt. Für heute schließe ich mit den herzlichsten Grüßen, indem ich Euch nochmals recht herzlich für die Päckchen danke, Euer Eskel.

Zarnowitz/27.6.1943
Liebe Eltern,
zunächst möchte ich Euch recht herzlich für Muttis Brief vom 21. danken. Ich konnte ihn noch recht gut lesen, trotz der Schaukelei des Zuges. Hier ist es immer noch dasselbe schöne Leben. Ich kann dem R.A.D. nur dankbar sein für diese Zeit hier. Vormittags ist ja meistens etwas zu tun, aber am Nachmittag machen wir herrliche Spaziergänge; nicht immer, um zu organisieren. Diese Gegend hat bestimmt ihre Reize, trotzdem es kein Gebirge ist. Gestern Abend konnten wir einen Sonnenuntergang beobachten, der unbeschreiblich war. Wie ein glühender blutroter Ball ging die Sonne hinter einem schwarzen Waldstrich unter. Und dazu die wechselnde Beleuchtung der Wolken und des Landes vor uns. Heute Morgen haben wir erstmal gründlich ausgeschlafen bis 8.00.
Anschließend ein Frühstück mit Ei, Speck und Butter. Zum ersten Frühstück aß ich ein Zuckerei und bin jetzt völlig satt. Den Abschluss in Gestalt einer Zigarette musste ich mir allerdings schwer abringen, denn mit den Zigaretten bin ich bald wieder abgebrannt. Wisst Ihr, ich habe es mir hier angewöhnt, täglich eine Butterration gegen 2 Zigaretten einzutauschen. Ich finde, das ist ein gutes Geschäft; nur ich selbst reiche dann nicht aus. Wie es nach dem 1. Juli sein wird, weiß ich nicht. Unsere Karten werden ja sicher wieder auf sich warten lassen, und ab 1. Juli habe ich nichts mehr zu rauchen. Wäre es vielleicht möglich, dass Ihr mir im Einschreibebrief bald welche herschickt? Wenn wir hier noch den Bescheid bekommen sollten, dass wir die Klamotten schicken lassen sollen, rufe ich an, um den Fall persönlich zu regeln. Andernfalls werde ich ausführlich darüber schreiben. Mit der Skihose fahre ich aber nicht zurück, das wäre zu schäbig. Nachdem man 3 Monate Plünnen getragen hat, freut man sich doch darauf, wieder einmal vernünftiges Zeug tragen zu können. Und den hellen Staubmantel muss ich auch herhaben. Hat Vati ihn eigentlich getragen? Na, das wird ja noch Zeit haben. Der Termin steht absolut noch nicht fest.

Und ich hoffe, dass wir noch möglichst lange in Zarnowitz bleiben, denn das Leben hier ist unbeschreiblich schön. Einstweilen tausend Grüße von Eurem Eskel.

Zarnowitz/30.6.1943

Liebe Eltern,

ich glaube beinahe, dies wird mein vorletzter Brief an Euch sein. Ich kann es mir kaum vorstellen, dass wir am übernächsten Sonntag schon wieder zusammen sein werden. Aber ich freue mich schon sehr darauf. Post habe ich noch keine wieder bekommen seit dem letzten Brief, den ich schon beantwortete. Ich glaube, unsere Post wird schon in Graudenz zurückge-halten und wir wohl in den nächsten Tagen abgelöst. Dann geht es nur noch kurz nach Graudenz, um die Klamotten abzugeben, und dann: R.A.D. ade! Die Verständigung am Telefon ging doch, trotzdem es recht leise war. Ich habe hier gut 3 Stunden auf das Gespräch gewartet. Die anderen wa-ren bei strömendem Regen im Kino, 5 km von hier, gewandert, um Wiener Blut zu sehen. Ich wäre sonst bestimmt mitgegangen, aber ich war doch so heilfroh, dass ich gebunden war. Sie kamen sehr spät in einem völlig durchweichten Zustand hier an. Und im Übrigen kannte ich den Film schon. Sonst ist hier nichts Neues passiert. Gestern waren wir mal wieder auf Tour, die uns für einige Tage mit Eiern versorgte. Freitag wird dies zum letzten Mal geschehen, um uns für die Rückfahrt zu versorgen. Einstweilen herzliche Grüße von Eurem Eskel.

Quedlinburg/1.10.1943

Liebe Eltern,

nach der Karte soll noch ein Brief folgen, dem ich einige Marken beilege. Heute entfernte ich von der Zigarettenschachtel von Obendorfs das Papier und bemerkte, dass in der Schachtel noch einiges lag. Es waren dies 30 RM und 3 Pfund Mehlmarken und 1/2 Pfund Buttermarken. Bis auf 1/4 Pfund Buttermarken, die bis zum 2.10. gültig sind, lege ich den Rest bei, da ich hier kaum etwas damit anfangen kann. Wir haben noch merkwürdig viel Zeit und keine rechte Beschäftigung. Das gefällt mir wenig, muss ich leider sagen. Den Brief versuche ich morgen loszuwenden. Sonst ist noch nicht viel von hier zu berichten. Vielleicht wird es ja in Halberstadt etwas vernünftiger. So, nun Schluss. Grüßt und danke Obendorfs bitte recht herz-lich in meinem Namen. Ich werde selbst bald schreiben, sowie mir das möglich ist. Euch selbst auch die herzlichsten Grüße von Eurem Eskel,

Quedlinburg/1.10.1943

Liebe Eltern, gestern Abend sind wir glücklich hier gelandet. Briefe dürfen nicht geschrieben werden, daher die Karte. Wir schlafen hier in einer großen Fallschirmjägerkaserne. Aber nur kurze Zeit werden wir hierbleiben. Morgen geht es für ca. 8 Tage nach Halberstadt. Wir sollen dort auf dem Flugplatz arbeiten. Danach kommen wir hierher zurück und werden wieder weggeschickt. Wohin? Auf jeden Fall, zur Ausbildung. Schreiben könnt Ihr mir vorläufig nicht, da wir jeden Tag umziehen können. Heute Morgen war Einkleidung und Untersuchung. Wir erhielten auf der Kammer fast nur neue Sachen. Beide Garnituren nagelneu. Sonst haben wir noch viel Zeit, d.h. wir müssen überall warten. Schliff und so wird wohl noch bis zur Ausbildung auf sich warten lassen. Wecken war heute 5.30. Also es geht. Ich muss sagen, dass ich mich auf die Ausbildung freue, denn dieses Warten ist blöde. Für heute die herzlichsten Grüße von Eurem Eskel.

Halberstadt/2.10.1943

Meinen lieben Eltern
heute Morgen sind wir also in Halberstadt gelandet. Heute am Sonnabend wird nicht mehr mit der Arbeit begonnen, und da haben wir nach dem Essen genug Zeit, so hoffe ich, dass ich Euch einmal ausführlich über meine bisherige Militärzeit schreiben kann. Die Hinfahrt nach Quedlinburg ging meist in überfüllten Zügen vor sich. Trotzdem kamen wir pünktlich 14.32 dort an. Wir gingen erst einmal durch die Stadt, tranken etwas und aßen von unserem mitgebrachten Brot. Danach ging es heraus zum Flugplatz. Was wir unterwegs von Quedlinburg sahen, war ganz dazu angetan, mich für diese Stadt zu begeistern. Schade, dass wir dort nicht ausgebildet werden. Am Donnerstag gab es Außer „Warten" nur noch Bettwäsche. Gleichzeitig erfuhren wir, dass wir nach Halberstadt abkommandiert würden. Grund ist vermutlich die Überfüllung in Quedlinburg. Quedlinburg ist lediglich ein Auffanglager für Rekruten und Frontflieger. Soviel bekannt ist, werden ca:.2000 Rekruten in Quedlinburg gesammelt und dann nach Frankreich abtransportiert. Ich glaube auch, dass wir dort Mitte Oktober landen. Vorläufig bleiben wir bis zum 1 l.10. in Halberstadt, wo wir als Arbeitskommando eingesetzt werden. Am 11. Geht's morgens zurück nach Quedlinburg und dann ab nach Frankreich zur Ausbildung. Ihr seht, man wirft uns ganz nett umher in der Weltgeschichte. Schön finde ich das gerade nicht; ich wäre lieber gleich an die Ausbildung herangegangen. Aber man muss sich wohl mit der Zeit daran gewöhnen. Mein Klassenkamerad und ich sind zum Glück noch zusammen. Sonst wäre es sehr übel denn es sind mir sehr wenig Schüler unter uns. Man muss sich jetzt erst wieder auf Kom-

misleben umstellen, nicht sehr viel nach dem Grund fragen, sondern gehorchen. Nur kommt mir das Leben noch so leer vor, aber ich hoffe, dass sich dies bald ändert. Wenn Ihr meint, dass Eure Post bis zum 11. hier in Halberstadt ankommt, so könnt Ihr ja einmal schreiben. Ich werde dann weiter von mir hören lassen, wohin es geht. Hoffentlich ist es nicht so ein Massenbetrieb dort wie in Quedlinburg. Die Kasernen, in denen wir wohnen, sind ausgezeichnet, besonders diese hier in Halberstadt. Sprungfedermatratzen und nur einstöckig. Wir liegen mit nur 6 Mann auf einem Zimmer. Dieses alles sind prima Verhältnisse, es ist nur schade, dass es nicht auf die Dauer ist. Heute mit gleicher Post geht ein Brief ab, den ich gestern schrieb. Unterwegs hatte ich keine Gelegenheit, ihn einzustecken. Das Wetter ist schön hier, viel zu schön eigentlich. Ja, ich will langsam Schluss machen und noch ein bisschen schlafen, denn heute Nacht war Gasmaskenempfang, Löhnungsappel und Kofferabgabe, so dass wir erst gegen 1.00 ins Bett kamen. Dann 4.45 wieder heraus. Und heute sind wir ziemlich lange mit unserem gesamten Gepäck marschiert, so dass ich ziemlich müde bin. Ihr berichtet mir dann, was in Niendorf vorgefallen ist. Grüßt bitte alle Bekannten recht herzlich und seid selbst am herzlichsten gegrüßt von Eurem Eskel.

Halberstadt/10.6.1943
Liebe Eltern,
ich habe mal wieder Zeit, so dass ich Euch berichten kann, wie sich meine Militärzeit weiterentwickelt hat. Wir liegen noch in Halberstadt und müssen dort arbeiten, d.h. Splittergräben ausheben. Seit gestern aber bin ich in der Küche beschäftigt, eine Tätigkeit, die mir viel mehr zusagt. Dabei fällt nämlich viel Freizeit ab, und wir brauchen den Ordnungsdienst nicht mitzumachen. Für unsere Ausbildung wird schon später ausgiebig gesorgt, davon bin ich fest überzeugt. Ansonsten habe ich mich schon gut an diese Lebensform gewöhnt. Wir haben sogar Radio auf unserem Zimmer, das ist doch immerhin allerhand, findet Ihr nicht auch? Heute Nachmittag haben mein Lübecker Freund und ich - wir sind zusammen in der Küche - Äpfel organisiert für die Unteroffiziere. Im Ganzen ca. 200 Pfund. Ihr könnt Euch vorstellen, wie sehr ich es bedauert habe, dass ich Euch keine davon schicken kann. Hoffentlich habt Ihr jedenfalls in Hemmelsdorf welche gekriegt. Aber es gibt hier einfach keine Möglichkeit, etwas zu versenden, da wir nicht aus der Kaserne herauskommen. Die warme Verpflegung ist prima, fast noch besser als beim R.A.D. Nur die kalte, und speziell was Fettigkeit betrifft, ist nicht reichlich. Aber wenn wir erstmal in Frankreich sind, wird

sich so etwas schon regeln lassen. Bis dahin herzliche Grüße von Eurem Eskel
P.S. Die Bekannten grüßt bitte recht herzlich von mir. Eskel.

Halberstadt/10.10.1943
Liebe Eltern,
zunächst danke ich Euch recht herzlich für Euren Brief, den ich am Freitag bekam. Auch die Zeitungen kamen gestern an. Vielen Dank dafür. Mein Freund bekam etliche Lübecker Zeitungen, so dass wir heute prima zu lesen hatten. Meinen Koffer habe ich in Quedlinburg schon am Tage vor unserem Abmarsch abgegeben. Aber wie der Betrieb dort lief, wundert es mich eigentlich nicht, dass er noch nicht angekommen ist. Meine Karte von dort hat auch recht lange gedauert, und das hat bestimmt nicht an der Post gelegen. Unsere Zeit hier ist nun auch bald herum. Der Abmarschtag steht noch nicht fest. Es kann aber jeden Tag losgehen. Wundert Euch also nicht, wenn nach diesem Brief eine Zeitlang keine Post von mir kommt. Wenn es wirklich Frankreich wird, geht es über Feldpostnummer, und das dauert seine Zeit. Also ängstige Dich bitte nicht, Mutti. Du weißt, ich schreibe, sobald es geht. Wenn es möglich sein sollte, melde ich das von Vati vorgeschlagene dringende R-Gespräch an. Aber ich sehe da einige Schwierigkeiten. Meine Küchentätigkeit war leider nicht von Dauer. Aber es lässt sich auch so aushalten. Wir arbeiten uns hier ebenso wenig tot, wie beim R.A.D. Die Adresse der Eltern meines Freundes ist: Herr Heinrich Rühe, Lübeck, Bürgermeister-Neumann-.Str. 7.Seine Mutter hat sich vorsichtigerweise auch schon nach unserer Anschrift erkundigt. Tja, Mutti, ich glaube, andere Mütter sind auch so ein ganz klein wenig ängstlich. Also jetzt einmal, wahrscheinlich für längere Zeit, die herzlichsten Grüße von Eurem Eskel.
Grüßt Meyers bitte besonders herzlich von mir. Obendorfs habe ich auch geschrieben.

Halberstadt/15.10.1943
Liebe Eltern
morgen soll es nun endgültig fortgehen. Zunächst natürlich nach Quedlinburg. Ob dann weiter nach Frankreich, ist, wie gesagt, noch nicht ganz raus. Ich hoffe es wenigstens. Legt bitte schon etliche Zigaretten, ca. 100, bereit, für die ich die beste Verwendung habe. Ich frische meine kalten Portionen damit erheblich auf und gestalte sie damit erträglich. Außerdem wäre es vielleicht ratsam, schon ein paar Reichskreditscheine zu sammeln. Ihr seht, ich mache schon Pläne, in Frankreich

was zu organisieren. Na, hoffentlich kommen wir überhaupt dorthin. Beim Militär kann sich so etwas leider immer noch in der letzten Minute ändern. Man erfährt es immer erst einen Tag vor der Abreise. Ich freue mich auf die Ausbildung. Diese Zeit hier in Halberstadt war verloren, obgleich wir es hier prima hatten. Ich bin sogar zweimal im Horstkino gewesen. Habt Ihr viel Alarm gehabt? Beim Angriff auf die Ostsee sind die Tommies sicherlich auch in Niendorf vorbeigekommen. Wir haben bisher noch keinen Alarm gehabt. Weißt Du, Mutti, ich sah neulich bei einem Kameraden so einen Strumpfschoner, wie ein Stoffschuh, den man in den Knobelbechern tragen kann. Wäre es nicht vielleicht möglich, wenn Du SO ein Ding fertigkriegtest? Einstweilen herzliche Grüße, vielleicht für längere Zeit, von Deinem Eskel.

Halberstadt/16.10.1943
Liebe Eltern,
zunächst möchte ich Euch recht herzlich zu Eurem Hochzeitstag gratulieren und Euch gleichzeitig einen Abschiedsgruß aus Halberstadt senden. Heute Nachmittag geht es endgültig fort. Eventuell noch abgesandte Post ist leider nicht angekommen. Ich hoffe man wird sie und nachsenden. Anbei noch eine Eintagesurlauberkarte, die wir hier empfingen für den Reisetag. So, nun Schluss, meine lieben Eltern, nochmals alles Gute wünscht Euch Eskel

Quedlinburg/ohne Datum
Liebe Eltern,
morgen geht es endgültig fort. Wir sind jetzt vollständig eingekleidet; heute Abend ist die letzte Revision, und dann geht es ab. Herzliche Grüße sendet Euch Euer Eskel. Grüßt bitte Moritz auch.

Brüssel/27.10.1943
Liebe Eltern
endlich haben wir eine Feldpostnummer erhalten, und ich will deshalb mal wieder ein Lebenszeichen von mir geben. Am Donnerstag ging es von Quedlinburg weg. Bei Düsseldorf ging es über den Rhein. Freitagnacht waren wir im Standort. Am nächsten Morgen wurden wir ausgeladen und klotzten in unsere Kaserne. Am Montag hat dann unsere Rekrutenausbildung begonnen. Dass ich einigen Muskelkater habe, kann ich schlecht verhehlen. Aber sonst geht es danke. Wir liegen mit 24 Mann auf einer Stube. Diese alte Kaserne lässt sich mit den modernen Horsten wie Halberstadt und Quedlinburg überhaupt nicht vergleichen. Am Sonntag werden wir schon vereidigt. Wir vier sind zu-

sammengeblieben; das war natürlich prima. Es passt ja gerade mit der Größe zusammen. Sonst haben wir noch überhaupt keine Freizeit. Ich schreibe diesen Brief auch stehenderweise. Also vertröste die guten Bekannten auf später. Herzlich grüßt Euch Euer Eskel

P S. Schickt mir bitte ja keine Kreditscheine, ich werde sie hier nicht los. Ein Monatsgeld RM 36,-- könnt Ihr allenfalls absenden. Eskel

O.U./31.10.1943

Liebe Eltern,

ich hoffe, dass ich Euch diesmal etwas ausführlicher berichten kann. Außer dem einen kurzen Brief an Euch habe ich noch nicht von hier geschrieben. Unsere Freizeit ist wirklich sehr kurz bemessen. Man beschäftigt uns fast immer. Im Dienst geht es auch nur Laufschritt. Die ruhigen Tage von Halberstadt sind vorbei. Das ist natürlich sehr verständlich, denn die kurze Ausbildungszeit muss ausgenutzt werden. Morgen werden wir vereidigt. Heute Abend gehen wir hier ins Theater. Geschlossen natürlich, denn Ausgang gibt es noch nicht. Aber immerhin, man kommt mal wieder aus dem Bau heraus. Zu kaufen gibt es hier scheinbar noch allerhand. Aber die Preise sind mehr als hoch. Einige ließen sich Schokolade besorgen. 250 g 150 Francs. Das sind 12,—. Honig das Glas 70 Francs. Verpflegungssachen interessierten natürlich besonders, da unsere zwar prima, aber absolut nicht genug ist. Mittags gibt es vor allem nicht genug. Mit der kalten Verpflegung geht es so. Da schlägt man sich ebenso durch. Aber ich selbst war noch nicht in der Stadt und kann deshalb noch kein vollgültiges Urteil abgeben. – Pause

1 .11. Gestern bekam ich den Brief nicht mehr fertig, also fahre ich heute fort. Nach der Vereidigung, die eben stattgefunden hat, ist dienstfrei, und ich werde die Zeit ausnutzen, um endlich mal die Schreibschulden einzulösen. Gestern habe ich hier in der Kaserne ein Paar Strümpfe für Mutter erstanden für 130 Francs. Außerdem gab es so gesüßtes Kakaopulver zu 80 Francs das halbe Pfund. Das habe ich auch gekauft, um es mal zu probieren. Es schmeckt prima, aber ich finde, es ist zu teuer. Wenn Ihr anderer Meinung seid, kann ich so etwas ja auch mal schicken. Für den entsprechenden Preis kriegt man hier genug Schokolade. Man muss immer das 10 - 12-fache des Normalen nehmen. Gestern Abend die K.D.F. Vorstellung war ganz leidlich. In dem Kino gab es Likörpralinen für 5 Francs das Stück, d.h. 40 Pf. Sie schmeckten herrlich, aber, wie gesagt, der Preis. Ist mein erster Brief noch im Oktober angekommen, und konntet Ihr das Geld noch im vorigen Monat abschicken? Das wären ja immerhin 36 RM mehr. Und

Geld ist hier ewig knapp. Kreditscheine wird man hier nicht los. Heute ist wirklich ein Feiertag, es ist das erste Mal, dass wir einen Abend zu unserer Verfügung haben. Aber wir haben auf jeden Fall Aussicht nun mal auf Ausgang. Natürlich mit so und so vielen Wenn und Abers.
Also Schluss für heute und viele herzliche Grüße von Eurem Eskel.

O.U/1.11.1943
Liebe Mutti, ein erster handfester Gruß von hier. Ich glaube, alltags kannst Du sie tragen. Sie sind ja etwas hell und nur aus Kunstseide, aber „ohne". Herzliche Grüße, Dein Eskel.

O.U/3.11.1943
Liebe Eltern, ich glaube, es ist wieder einmal ein Brief von mir fällig. Die Post nach Niendorf scheint ja länger zu gehen als nach Lübeck, den H.-J. hat schon Antwort von zu Hause. Aber Frau Ruhe war ja so freundlich, Dir telefonisch Nachricht von uns zu geben. Na, ich hoffe, dass ich in den nächsten Tagen auch Post bekomme. Sind meine Zivilsachen eigentlich schon angekommen? Die Zeitungen schickt Ihr dann auch bitte. Illustrierte Zeitungen sehen wir sonst hier nicht. Habt Ihr schon gelesen, dass im Dezember Päckchensperre ist? Die Weihnachtspakete erreichen uns dann schon viel zu früh. Zulassungsmarken haben wir bisher noch nicht erhalten. Wenn, dann schicke ich sie sofort. Aber für so ein paar Keks im 100 g Päckchen wäre ich sehr dankbar, denn die Verpflegung ist hier der wundeste Punkt. Allzu lange scheinen sie nicht zu gehen. Hans-Jürgen bekam heute eines, das nur 3 Tage unterwegs war. Sonst geht es hier unverändert. Ich habe meine rechte Pfote aufgeschlagen und habe einige Mühe jetzt damit. Gestern Abend waren wir schon wieder im Theater zu einer K.D.F. Vorstellung. Diesmal war es ausgezeichnet. Für ein paar Stunden hatten wir eine prima Stimmung. Wir gehen natürlich geschlossen hin; Ausgang liegt noch in weiter Feme, leider. Das ist eben der Nachteil, dass wir so lange unnütz in Deutschland geblieben sind. Sonst hätten wir schon einen guten Teil der Ausbildung hinter uns. Aber wir schaffen es auch so, auch wenn man es uns bestimmt nicht leicht macht. Gemütlich ist es hier nicht. Wir schlafen mit 24 Mann auf einer Stube, d.h. es ist mehr ein Schlafsaal, und da kommt so etwas nicht auf. Im Übrigen lässt der Dienst es nicht zu. Manche von uns hatten Glück, mit auf Dienstreise nach Brüssel zu kommen. So etwas wäre natürlich prima. Aber, wie gesagt, Glück. So, nun Schluss für heute. Hoffentlich kann

ich Euch bald schreiben, dass ich Post von Euch bekommen habe. Bis dahin grüßt Euch recht herzlich Euer Eskel.

O.U./6.11.1943
Liebe Eltern,
Q.U
gestern erhielt ich mit vielem Dank Eure beiden lieben Briefe, die an H.-J. gerichtet waren. Ich hab mich sehr gewundert, dass Ihr die Post immer noch nicht hattet, aber ich hoffe, dass sie inzwischen angekommen sind. Irgendwelche Befürchtungen hinsichtlich meiner Gesundheit braucht Ihr nicht zu haben. Mir geht es durchaus gut. Unsere Zulassungsmarken haben wir heute auch erhalten. Ich schicke heute drei und im nächsten noch zwei. Vier haben wir nur empfangen, aber ich habe einen eingetauscht. Ob die auch für Dezember noch reichen sollen, weiß ich nicht. Schicken könnt Ihr ja doch nicht. Sonntag soll es Ausgang geben, aber es ist von so und so vielen Wenn und Abers abhängig gemacht worden, so dass ich kaum daran glaube. Wir werden unser Geld auch so los.
Es kommen zum Glück immer Zivilisten in die Kaserne, die uns Brot etc. Mitbringen. Das Wetter ist hier typisch herbstlich. .Ziemlich regnerisch und nasskalt. Seid doch so gut und schickt mir doch einen Pullover her. Zum Glück sind meine Zivilsachen angekommen, das beruhigt mich sehr. Mein Geburtstag ist ziemlich sang- und klanglos verlaufen. Dienst wie immer. Was hätte man sonst an dem Tage gemacht. Gerade der 18. Geburtstag. Aber man gewöhnt sich an alles. Selbst an so einen riesigen Schlafsaal. Für Vati freue ich mich, dass er wahrscheinlich weiter arbeiten kann. Selbst kochen können wir hier nicht, also mit Puddingpulver ist es nichts. Ich hab wirklich mal wieder Appetit auf eine schöne Germania-Speise. Na, abwarten. Mir scheint, mit Weihnachtsurlaub rechnet nicht, das wäre zu optimistisch. Vielleicht sind wir dann noch hier und machen Ausbildung. Wer weiß. Ich schätze, zugenommen habe ich hier noch nicht, aber es bekommt mir ganz gut so Ich kann die Nacht immer durchschlafen.

O.U./7.11.1943
Gestern Mittag war die Mittagspause zu Ende, und im Verlaufe des Tages kam ich nichtmehr dazu, den Brief zu Ende zu schreiben. Also heute. Nach dem Essen gestern war laut Dienstplan Unterricht, der aber ausfiel, da eine Ausbilderbesprechung stattfand. Das Ergebnis für

uns war durchaus positiv. Es lautete: „Ausgang." Es war natürlich unter Führung unseres Unteroffiziers, aber immerhin. Gegen 16.00 gingen wir los ins Soldatenheim zum Kaffeetrinken. Danach ging es in die Stadt, die noch erhebliche Wunden vom Westfeldzug aufweist. Wir erledigten dort unsere Einkäufe, soweit das Portemonnaie das noch zuließ. Auf meine Rechnungen gingen ein Weißbrot und ein halbes Glas Sirup, macht 57 Francs. Dafür kann ich heute bon leben, was ich schon ausgiebig getan habe, so dass ich mal wieder solide Magenbeschwerden habe. Zu Abend aßen wir wieder im Soldatenheim, und anschließend ging es in eine Hafenkneipe. Das war vielleicht so ein Bumms. Die sogenannte Kapelle bestand aus halbwüchsigen 13-jährigen Knäblein. Es ist wirklich traurig, wie verkommen die ganze Sache war. Heute Nachmittag ist dienstfrei, da schreibe ich und ruhe mich schön aus. So, nun hätte ich beinahe eines vergessen: Gestern bekam ich die Zeitungen und das 5. Päckchen. Herzlichen Dank dafür. Einstweilen die herzlichsten Grüße von Eurem Eskel

O.U./8.111.1943
Liebe Eltern,
heute war mal wieder reichlich Post für mich da, und da ich heute Abend noch einen Moment Zeit habe, will ich Euch gleich danken. Ich bekam heute Päckchen 6, die zweite Sendung mit Zeitschriften und Brief 2. Also meinen herzlichsten Dank dafür. Die Fußlinge habe ich noch nicht probiert, ich werde Euch aber nach Gebrauch davon unterrichten; ich fürchte nur, die Naht auf dem Spann wird drücken. Für die vielen Zigaretten danke ich Euch vielmals, sie häufen sich bei mir schon, denn hier ist kaum Gelegenheit, viel zu rauchen, und außerdem gibt es regelmäßig welche. Aber ihren Zweck werden sie doch erfüllen, denn wir hoffen, nach der Rekrutenzeit-wieder nach Deutschland zu kommen. Wann das sein wird, ist aber noch völlig ungewiss. Wir hoffen natürlich, vor Weihnachten, aber beim Kommiss erfährt man so etwas immer erst im letzten Augenblick. Jedenfalls ist vorläufig nicht daran zu denken. Da wir im besetzten Westgebiet sind, dürfen wir unseren Standort nicht angeben, ebenso braucht Ihr gar nicht nach Einzelheiten aus dem Dienstbetrieb fragen, ich darf darüber nicht schreiben. Meine Turnschuhe brauche ich dringend. Wir haben hier keine, und es ist kein Vergnügen, den ganzen Tag in schweren Stiefeln zu latschen. Alarm hatten wir bisher nur am Tage. Und dann dauert die Sache meist nur ein paar Minuten. Was das große Reinemachen anbelangt, so haben wir jede Woche auch dazu Gelegenheit. Wasser gibt es genug. Ich schrieb Euch ja, dass ich Sonntag bon gelebt habe, aber

wenn ich von einer Kaffeeschlacht bei Burmesters höre, dann wird mir ganz anders. Aber wenn ich auf Urlaub mal in ferner Zeit kommen sollte, werde ich auch schwelgen, das könnt Ihr glauben. Meine beiden Zulassungsmarken lege ich bei. So, nun nochmals meinen herzlichsten Dank für alle Post und die herzlichsten Grüße von Eurem Eskel.

O.U./10.11.1943

Liebe Eltern, heute war mal wieder ein Festtag, dank der Päckchenserie, die heute von Euch eintraf. Es waren die Päckchen 10 -15, also sechs. Also zunächst danke ich Euch recht herzlich für die herrliche Geschmacksprobe von zu Haus: Leider sagte man mir auf der Schreibstube, dass der Versand solcher Seriensendung verboten ist. Ihr müsst also jeden Tag ein Päckchen schicken. Man sagt, man würde die Päckchen zurücksenden. Also, wie gesagt, so schön der Genuss heute war, ist es doch nicht ratsam, dies zu wiederholen. Leider, sage ich. Gestern Abend waren wir wieder im Soldatenheim zum Abendessen. Wir gingen ca. Um 7.00 hin und blieben bis halb 10.00. Es war recht gemütlich dort. Das Heim ist ein kleines Schloss, fast alles Kaminzimmer etc. und recht gemütlich für die Soldaten eingerichtet. Lese-, Schreib- und Musikzimmer und Spielzimmer, alles kann man dort haben. Für einen Abend fühlt man sich mal richtig   wohl. Schöne Sessel! Also nun nochmals meinen herzlichsten Dank und viele Grüße von Eurem Eskel.

O.U./14.11.1943

Liebe Eltern, vorgestern erhielt ich mit vielem Dank die Päckchen 16 - 18. Der Kuchen war einfach prima. So schön mit etwas drin. Schade, dass nicht sehr viel in ein 100 g Päckchen hineingeht. Es wird zu schnell alle. Gestern erhielt ich auch Euren lieben Brief No. 9 vom 5. Ich finde, er ist ziemlich langsam gegangen. Die Päckchen gehen ja schneller. Seid doch so gut und schickt mir einiges Papier im Päckchen mit. Ich kann es hier doch gebrauchen. Mit Freude habe ich vernommen, dass Geld für mich unterwegs ist. Hoffentlich trifft es in den nächsten Tagen hier ein, damit die Pleite erst einmal wieder überwunden ist. Gestern war ich wieder im Soldatenheim. Freien Ausgang haben wir leider bisher noch nicht gehabt; aber ich glaube, am kommenden Wochenende können wir damit rechnen. Dann lohnt es sich erst richtig. Butter kostet hier ca. 10,-- das Pfund. Also tut mal (?). Alkohol ist hier sehr unterschiedlich im Preis. In unserer Kantine ist er einigermaßen billig zu haben. Ein kleiner Kirschlikör 112 Francs, das ist prima billig. Schmecken tat er auch ganz gut. Aber Ihr braucht keine Angst zu haben; ich betrinke mich nicht. Dazu gehört wieder mehr Geld, als ich ausgeben kann. Passiert ist hier sonst nichts Erschütterndes. Man lebt in den Tag hinein und freut sich, wenn man abends in der Koje liegt. Sonnabend gab es zur Abwechslung mal wieder anständigen Druck. Ja, so ist das Leben hier. Einstweilen Euch und allen Bekannten die herzlichsten Grüße von Eurem Eskel.

O.U/17.11.1943.

Liebe Eltern,

heute Abend ist mal wieder etwas Zeit, so dass ich Euch für Euren lieben Brief No. 6 danken kann. Gestern kam auch das langersehnte Geld und das erste Paket mit Zulassungsmarke an. Für beides meinen herzlichsten Dank.

Der Kuchen war prima, es ist doch immer ein besonderer Leckerbissen so etwas. Die Hosenträger und die Bestecktasche werden ebenfalls dringend gebraucht. Und dann das Schmalz. Da fehlen mir die Worte. Na, es war einfach herrlich. Aber wisst Ihr, mit dem Einkäufen ist es so eine Sache, Allein sind wir bisher überhaupt noch nicht in-der Stadt gewesen, und ich bezweifele, ob wir dies überhaupt noch können: Denn wir werden in der nächsten Woche versetzt. Wohin, ist unbekannt, wie immer beim Kommiss. Also schreibt und schickt nicht mehr, sondern wartet bitte eine neue Nachricht ab. Wie unsere Ausbildung weitergeht, ist uns unbekannt. Wer weiß, wo wir landen. Ihr braucht wirklich keine Angst zu haben, ich schreibe regelmäßig, und die Post von hier scheint leider nicht so zu gehen. Für die noch abgeschickten Pakete mit Marken sehe ich schwarz. Hier werden wir sie kaum noch erhalten. Und das Nachschicken wird seine Zeit dauern. So, falls wir noch länger hierbleiben, schreibe ich von hier, sonst von einer neuen Dienststelle. Also seid bis dahin herzlich gegrüßt und noch vielmals bedankt von Eurem Eskel.

O.U/20.11.1943.

Liebe Eltern,

ja, wir sind noch immer hier und sollen es scheinbar noch eine Zeitlang bleiben. Zunächst möchte ich Euch recht herzlich für Eure lieben Briefe 4 und 5 danken. Sie trafen beide zusammen hier ein, und zwar einen Tag später als No. 6, den ich ja schon beantwortete. Habe ich Euch eigentlich schon für die beiden letzten Sendungen mit Zeitungen gedankt? Wenn nicht, dann tue ich es hiermit, Die Wiener war auch sehr nett und der I.B. Die Zeitschriften bringen einem die einzige Abwechslung hier. Ja, über unserer Zukunft liegt noch Dunkelheit, es scheint so, als ob wir noch einige Zeit hierbleiben sollen. Leider. Wir waren schon in Aufbruchsstimmung und freuten uns, dass unsere Rekrutenzeit so schnell und kurz vorbeigegangen sei. Aber es geht weiter mit Ausbildung und Druck. Ein Vorteil ist, dass wir jetzt abends schon früher ins Bett gehen dürfen. Der allabendliche Spindappell fällt flach. Vielleicht habe ich Glück und meine beiden Päckchen kommen noch hier an. Wie es mit den Päckchen zu Weihnachten werden soll, weiß ich auch nicht. Ich glaube nicht, dass wir dann noch hier sind. Am 15.XII. sind wir bestimmt nicht mehr hier. Und wir können jeden Tag versetzt werden. Also, es ist alles in der Schwebe. Also schickt Päckchen nicht mehr ab, das lohnt sich nicht mehr. Post würde ich trotzdem noch absenden, denn wer weiss, wie lange wir noch hierbleiben. Wir sind jetzt 7 ½ Wochen Soldat und haben noch keinen Ausgang gehabt. Wir kommen lediglich ab und zu ins Soldatenheim, doch nie in die Stadt. Es wird hier auch so langsam kälter. In den letzten Tagen hatten wir auch schon Nachtfrost. Im Gelände ist es auch äußerst ungemütlich zu dieser Jahreszeit. Nasse Wiesen und dann der Lehm. Die ganze Gegend scheint daraus zu bestehen. Und unsere Uniformen, die immer wieder sauber sein müssen. Dann noch eines, was die Anschrift betrifft: Mutti schreibt das L immer hinter Brüssel. Es gehört aber unmittelbar vor die Nummer. Also L 52274BLg. Pa Brüssel. Denn dieses L bedeutet Luftwaffe. So, für heute ist Schluss, ich hoffe dass ich morgen Zeit haben werde, einigen Bekannten auch aus Niendorf zu schreiben. Die Zeit geht ewig hin, denn auf das Instandhalten der Sachen geht viel Zeit hin. Also nochmals herzlichen Dank für Eure freundlichen Grüße, di ich auf das herzlichste erwidere. Euer Eskel.

O.U./24.11.1943
Liebe Eltern,
nur ein paar kurze Zeilen, da mir die Zeit für einen längeren Brief fehlt. Ich hörte gestern von Hans-J. dass Ihr schon wieder 6 Tage ohne Post von mir seid. Also, das muss an der Unregelmäßigkeit der Beförderung liegen. Genauso wie ich von Euch zuerst No. 6 dann am folgenden Tag Brief 4 und 5 erhielt, wie ich Euch ja schon schrieb. Seitdem sind es auch schon 5 Tage her, dass ich keine Post mehr habe. Das lässt sich nun mal nicht ändern, ich schreibe regelmäßig, und Ihr braucht nicht unruhig zu werden, denn mir geht es prima - Unser Uffz. Liegt seit ein paar Tagen im Revier, so dass wir eine verhältnismäßig ruhige Kugel schieben. Herzliche Grüße sendet Euch Euer Eskel.

O.U./25.11.1943

Liebe Ehern,
heute hatte ich endlich wieder Post von Euch und gleich drei Briefe, No. 7, 8 und 9. Die Zeitungen sind auch immer regelmäßig angekommen. Also habt recht herzlichen Dank dafür. Ihr seht, die Post geht recht unregelmäßig. Eure Briefe vom 15., 17. Und 20. sind alle an einem Tage angekommen. Aber ich hoffe, dass Ihr inzwischen nun endlich Post von mir habt. Ich kann mir Muttis Lage ja so lebhaft vorstellen. Aber Ihr könnt wirklich ruhig sein. Ich glaube, dass ich in dieser Zeit hier mich nicht wenig abgehärtet habe. Am letzten Sonntag hatten wir unter Führung eines Gruppenführers beschränkten Ausgang. Wir haben die Gelegenheit benutzt, uns an Kuchen satt zu essen. Es gibt hier ja noch prima Kuchen, allerdings teuer, enorm. Auch Marzipan 100 g 35 Francs. Na, Ihr kennt ja meine Leidenschaft dafür. Sonst ist solch Ausgang nichts Rechtes. Man muss sich immer nach anderen richten, und jeder hat schließlich andere Interessen. Der Dienst in dieser Woche war sehr ruhig, unser Unteroffizier liegt noch im Revier, ihm geht es gar nicht gut. Ich hab ihm heute Abend Zeitschriften rübergebracht, er wollte nur mal Bilder besehen, zum Lesen hat er keine Lust. Ja, ich war mal wieder recht müde, denn wir haben heute wieder etliche km marschiert. Also gute Nacht und die herzlichsten Grüße von Eurem Eskel.

O.U./28.11.1943
Liebe Eltern,
heute ist erster Advent, und es scheinen sich bei uns wichtige Ereignisse vorzubereiten. Post war nach den drei Briefen noch keine wieder da. Auch die Päckchen mit meinen Turnschuhen sind noch nicht angekommen. Na, ich hoffe auf die kommende Woche. Es scheint so, dass wir jetzt endgültig versetzt werden. Es ist anzunehmen, dass wir im Westen bleiben. Sonst ist uns auch nichts bekannt, und dieses nur gerüchteweise. Na, hoffentlich bleiben H.J. und ich zusammen. Dann wird schon alles klargehen. Ich glaube ja, dass ich Euch noch einmal von hier schreiben kann, ehe es losgeht. Sonst müsst Ihr Post von der neuen Dienststelle abwarten. Bis dahin könnt Ihr an meine alte Feldpostnummer schreiben, denn die Post wird uns nachgesandt, denn das Bataillon bleibt anscheinend zusammen. Na, das war mal wieder so ein Schreibakrobatismus von mir. Heute hatten wir nicht einmal Ausgang. Vielleicht sehen wir das Nest überhaupt nicht allein. Wer weiß? Sonst haben wir die Woche ganz gut krumm gekriegt. Heute Abend soll so was wie ein Abschiedsabend auf der Bude steigen. Na, ich

werde bei nächster Gelegenheit weiter berichten. Bis dahin die herzlichsten Grüße von Eurem Eskel.

O.U./30.11.1943
Liebe Eltern,
heute kam wieder eine Zeitung an. Vielen Dank dafür. Ich bin aber wirklich erstaunt, dass Ihr solange keine Post von mir bekommen habt. 11 Tage, das ist wirklich mehr als verwunderlich. Ich schreibe Euch deshalb mal die Daten, an denen ich Briefe an Euch absandte.... Außerdem schickte ich am 28. Einen Brief, den ich vergaß zu nummerieren. Dann No. 13 von heute. Heute haben wir den Tag wieder mit Warten zugebracht. Wir sahen unsere neuen Vorgesetzten. Na, wir haben einigen Druck zu erwarten. Es wird wohl in der allernächsten Zeit losgehen, sonst würden wir die Tage nicht so völlig ohne Dienst verbringen. Unsere hiesigen Waffen haben wir restlos abgegeben. Wir werden wohl neu ausgerüstet und dann zu Sicherungsaufgaben an der Atlantikküste eingesetzt. Ja, für heute mal wieder Schluss, es ist Kinderbettgehzeit. Also gute Nacht und die herzlichsten Grüße, Euer Eskel.

O.U./2.12.1943
Liebe Eltern,
gestern erhielt ich mit vielem Dank Euren lieben Brief No. 11. Na, endlich habt Ihr mal wieder Post von mir gehabt. Das hat mich sehr beruhigt. Ihr schriebt von den Bildern, ich habe sie bisher noch nicht erhalten. Sind sie vielleicht in Brief 10 von Euch, den ich bisher noch nicht erhalten habe? Na, ich bin jedenfalls sehr gespannt darauf. Hier ist Aufbruchsstimmung um uns herum. Ein großer Teil unserer Stubenbelegschaft bezieht mit ihren neuen Einheiten neue Unterkünfte. Ich nehme an, dass das Bataillon geschlossen abtransportiert wird. Wohin es geht, wissen wir nicht, wahrscheinlich Frankreich. Ich bin auch froh, dass es nun endgültig loszugehen scheint, denn die Tage hier zu verbummeln ist nicht gerade schön. Auf die Dauer gesehen natürlich. Einen Tag faulenzt man mal ganz gerne. Die Leute kommen nur auf dumme (?): z.B. sie betrinken sich so sinnlos, dass sie wie im Delirium um sich schlagen und am nächsten Morgen von nichts mehr wissen. Das sind natürlich Einzelfälle. Am frühen Morgen wird schon herumgejazzt, das ist wohl ziemlich hirnlos, aber es stört uns nicht einmal, wenn ein Vorgesetzter die Stube betritt. Wir leben nach unserer Parole: Betont lässig, die auch für jedermann sichtbar an der Verdunkelung zu

lesen ist. Ich schreibe diesen Brief morgens früh. Eine Tatsache, die vor ein paar Tagen noch unmöglich war. Hoffentlich wird unser Einsatz etwas interessant. Es wird dann ja auch wohl mal Ausgang geben, so dass ich mal was schicken kann. Ja, ich hoffe, dass ich Euch noch einmal von hier schreiben kann, sonst wird die Post vermutlich einige Zeit dauern, denn Kameraden erzählten darüber aus ihrer R. A D. Zeit. Also einstweilen die herzlichsten Grüße von Eurem Eskel.

O.U./4.12.1943
Lieber Vati,
zu Deinem Geburtstag möchte ich Dir recht herzlich gratulieren und Dir und Mutti wünschen, dass Du im kommenden Lebensjahr für die Germania bleibst. Ich schreibe heute schon, weil ich nie weiß, ob es nicht der letzte Brief von hier sein wird. Donnerstag wurden wir aufgeteilt und zogen innerhalb der Kaserne um. Hans- Jürgen, der schon seit einer Woche wegen Erkältung im Revier lag, kam ins Lazarett. Warum, weiß ich nicht, ich glaube, alle Revierinsassen waren scharlachverdächtig. Durch diese blöde Neueinteilung ist alles ziemlich durcheinander geraten. Post habe ich schon seit einiger Zeit keine mehr gesehen. Die letzte war Br. 11 in der alten Kompanie. Wir sind vielleicht hier in so eine Kompanie geraten. Wenn die anderen acht Kompagnien leichten Dienst machen, haben wir Exerzieren und so etwas. Alle außer uns haben endlich freien Ausgang. Wir machen bis abends 18.00 Dienst. Sogar morgen am Sonntag ist es so. Das haben wir bei der alten Kompagnie nie gekannt, dass wir am Sonntag Dienst gemacht haben! Na, Prost die Mahlzeit. Gestern und heute war ich in Cambrai (Stadt in Nordfrankreich; Anmerkung des Hrsg.) mit einem Waffentransport. Ich hoffe nur eines, dass es möglichst bald von hier fortgeht. Aber auch das scheint noch zu dauern. Kurzum: Das Leben ist um 100% unerfreulicher geworden. Hoffentlich bleibt unseren neuen Ausbildern im Stützpunkt nicht so viel Zeit, sich intensiv mit uns zu beschäftigen, sonst sehe ich teilweise recht schwarz. Wir haben auf jeden Fall mal rechtes Pech gehabt. Sonst ist hier nichts Erfreuliches zu berichten. So, ich will für heute Abend schließen. Ich habe dringend noch an meinen Klamotten zu tun, morgen ist Appell. Also nochmals viele Grüße zum Geburtstag, lieber Vati, und sei auch Du, Mutti, herzlich gegrüßt von Eurem Eskel.

O.U./7.12.1943
Liebe Eltern,

am Sonntag erhielt ich mit vielem Dank Euren lieben Brief No. 12 und gestern die Zeitschriften. Ich glaube bestimmt, dass die Berliner nachgeliefert wird. Also zunächst herzlichen Dank. Unsere Anschrift hat sich neuerdings geändert. Das B hinter der Nummer fällt; stattdessen kommt hinter den Namen ein F in Klammem. Ob wir diese Nummern auch nach der Versetzung behalten, ist noch nicht raus, auf jeden Fall könnt Ihr laufend Post absenden, sie wird uns schon erreichen. Die Pakete werden wohl auch zu Weihnachten hier ankommen. Na, das wird ein Fest. Ich glaube nun bestimmt, dass dies der letzte Brief von hier ist, also sorgt Euch bitte nicht, wenn jetzt einige Zeit keine Post von mir kommt. Hier geht es ziemlich bewegt zu, aber man gewöhnt sich daran. Sonst warten wir nur auf den Moment, wo es losgeht. Der Brief mit den Bildern ist immer noch nicht da, hoffentlich ist er nicht verlorengegangen. Lass nur noch ein paar Abzüge machen. Schicke mir bitte auch meine Passbilder, die ich bei meiner Bewerbung als Offizier mit einreiche. Ich glaube, ich brauche sie noch einmal. So, für heute Abend muss ich schließen, es wird wieder Zeit, die Sachen zu überholen.
Herzliche Grüße sendet Euch Euer Eskel.

O.U./12.12.1943
Liebe Eltern,
heute erhielt ich mit vielem Dank Euren Brief No. 13. Ihr seht, wir sind im neuen Standort angekommen. Das Leben ist zwar äußerst primitiv, aber es gefällt mir trotzdem. Ich bin dem Kompagnietrupp zugeteilt und habe eine interessante Aufgabe. Wir fahren von Stützpunkt zu Stützpunkt und sehen so auf diese Weise jedenfalls etwas von dieser Gegend. Wir liegen hier in einem sogenannten Chateau, aber so primitiv wie nur möglich. Licht haben wir uns selbst gelegt, Wasser gibt es nicht. Lokus auf dem Hof. Kurz gesagt, wie in Russland. Zeit habe ich auch nur wenig, da ich fast immer unterwegs bin. Außerdem ist es hier noch so ungemütlich, dass ich zum Schreiben noch gar nicht gekommen bin. Ich hoffe ja, dass wir in der nächsten Zeit Betten kriegen, damit man jedenfalls weiß, wo nachts sein Platz ist. Bei nächster Gelegenheit berichte ich weiter. Herzliche Grüße sendet Euch Euer Eskel

O.U./15.12.1943
Liebe Eltern,
nach dem letzten, etwas kurz geratenen Brief, möchte ich Euch heute trotz der schon wieder vorgerückten Stunde etwas mehr von unserem neuen Dasein berichten. Ich muss sagen, nach der Rekrutenzeit in

Tournai (Stadt in Belgien, Anmerkung des Herausgebers) sagt mir diese Art zu leben bedeutend besser zu. Unsere ganze Lebensweise ist viel gelockerter. Leider bringt dies auch mit sich, dass Verpflegung, Unterbringung auch nicht so geregelt sind. Also schreite man zur Selbsthilfe. Im Dorfe kann man essen, sogar prima essen, wie ich schon festgestellt habe. Pommes frites mit Speck, zwei tiefe Teller gehäuft voll, für 40 Francs, das ist vielleicht so etwas. Ich fange schon wieder an, mir selbst etwas zu kochen und zu braten. Leider sind die Sachen nur so verflucht teuer im Schwarzhandel. Wenn im Januar wieder 100 g Päckchen zugelassen sind, schickt mir doch bitte mal Puddingpulver, denn ich glaube bestimmt, dass ich Milch und etwas Zucker mir organisieren kann. Jetzt will ich es mal mit Karamell versuchen und Kartoffelmehl. Einen Wollschal und Handschuhe hätte ich auch gerne hier. Zu Weihnachten kaufe ich ein Kilo Speck, leider kann ich ihn erst in etwa 10 Tagen absenden, da er jetzt noch im Rauch hängt. Das soll in diesem Jahr mein Weihnachtsgeschenk sein. Ich glaube, Mutti besonders wird sich zu dieser prosaischen Gabe doch recht freuen. Sonst gibt es hier nichts zu kaufen. Diese Sendungen hoffe ich von Zeit zu Zeit, je nach Geld, fortsetzen zu können. Wenn Ihr irgendwo in Deutschland französische Franken auftreiben könnt, schickt sie bitte her. Ihr müsst Euch mal auf Banken erkundigen. Meine Tätigkeit wird sich, so hoffe ich, in Zukunft noch interessanter gestalten, wenn ich erst allein auf die Stützpunkte fahre. Dabei berühre ich etliche Dörfer, wo man sich dann eindecken kann. Uns fehlt noch so vieles wie Topf, Pfanne und so etwas. Aber es wird schon werden. Ich habe immer den ganzen Tag etwas vor. Und das ist viel wert. Manche Strapazen gibt es auch, wenn wir zu Rad etliche Kilometer in diesem Hügelgelände abrasen. Und das bei Kälte und Wind. Wenn erst hoch Schnee liegt, können die Wege nur noch zu Fuß erledigt werden. Das wird erst etwas. Wir werden dann völlig abgeschnitten sein. Aber das hat ja hoffentlich noch Zeit. So, nun Schluss für heute. Es grüßt Euch beide recht herzlich Euer Eskel.

O.U./18.12.1943
Liebe Eltern,
zunächst, möchte ich Euch einmal ein frohes Weihnachtsfest wünschen. Hoffentlich kommt dieser Brief rechtzeitig an, damit Ihr Weihnachten jedenfalls einen Gruß von mir habt. Hier merken wir noch nicht sehr viel vom Fest. Heute hat der Außendienst wieder begonnen, es geht wieder langsam auf die alte Ausbildungstour. Na Prost Neujahr! Zu Hause gemütlich Weihnachtsbäckerei machen oder ähnliches, was

einen so langsam auf das Fest vorbereitet, fällt hier völlig fort. Ich sehe nur zu, dass ich nicht ganz schlecht lebe. Die Pakete sind noch nicht angekommen. Na, es sind ja noch einige Tage bis dahin. Von Tante Trudel und Mausi habe ich schon Päckchen bekommen. Ich muss ihnen auch noch schreiben. Die Zeit ist hier fürchterlich knapp. Man will jetzt auch noch Zapfenstreich einführen, dann wird es ganz bekniffen. Den Speck schicke ich sowie er aus dem Rauch gekommen ist. Postgeld ist auch für mich da. Auf jeden Fall die Anweisung, mit dem Geld wird es noch einige Tage dauern. Gestern erhielt ich mit vielem Dank wieder Zeitungen und Muttis Brief No. 14 vom 4.12. Neulich habe ich mir eine Schusterstippe gemacht. Sie ist tadellos gelungen. Wenn ich Vollmilch bekomme, werde ich mir mal Pfannkuchen backen. Na, das ganze Leben hier dreht sich ums Essen. Ich ziehe jeden Abend los und besorge. Mehl, Eier, Zwiebel und was ich jeweils brauche. Mehl werde ich auch mal schicken. Das bekommt man ziemlich leicht. Das Wetter wechselt stets zwischen leichtem Frost und Regenwetter. Ziemlich ungemütlich also, zumal es hier fast immer heftig weht. Es ist bis jetzt noch eine ziemlich trübe Aussicht zu Weihnachten. Das Festliche wird bestimmt fehlen. Na, dieses Jahr muss es denn eben mal ohne gehen. Nun nochmals die herzlichsten Weihnachtsgrüße von Eurem Eskel.
P.S. Heute Abend mit vielem Dank No. 23 erhalten. Es war die Dose. Herzlichen Gruß Eskel.

O.U/21.12.1943.
Liebe Eltern,
gestern war mal wieder reichlich Briefpost da. Insgesamt vier Briefe, No. 15, 16, 18 und 19, Also habt zunächst recht herzlichen Dank dafür. Aus allen Briefen spricht die Frage nach der Art unseres neuen Einsatzes, Ich kann nur sagen, dass es sich um einen Sicherheitsdienst handelt. Wie es mit unserer fliegerischen Ausbildung steht, wissen wir selbst nicht. Ich fürchte, es wird noch eine lange Zeit vergehen, ehe wir auf irgendeine Schule kommen. Mit dem geöffneten Brief war es mal wieder typisch. Im Übrigen wird es uns Weihnachten ähnlich ergehen, fürchte ich. Ich werde nur sehen, dass ich gut zu essen bekomme. Vielleicht lasse ich mir ein kleines Huhn braten im Dorfe, das wäre ja schon etwas. Heute Abend habe ich ein Schweinefilet gegessen von einem Schwein, das heute geschlachtet wurde. Ich kann Euch sagen, das Fleisch schmolz auf der Zunge wie Butter. Ich wollte eigentlich schon gestern schreiben, musste aber als Melder in der Nacht los. Heute Morgen kam ich zurück. Ich bin aber todmüde und möchte des-

halb jetzt schließen, um bald in einem neuen Brief fortzufahren. Es grüßt Euch beide recht herzlich Euer Eskel.

O.U./25.12.1943
Liebe Eltern,
ja, heute ist Weihnachten, und ich will Euch darüber berichten, soweit es sich überhaupt lohnt, davon zu reden. Zunächst muss einem überhaupt erst einmal gesagt werden, dass Weihnachten ist, sonst merkt man nur sehr wenig davon. Gestern Abend stieg eine Weihnachtsfeier, die um 20.00 beginnen sollte. Wir warteten auf den Chef, der aber nicht kam. Nach der Rede von Dr. Goebbels begann die Feierlichkeit mit dem lustigen Teil. Als Weihnachtszuteilung bekamen wir eine Flasche Rot und Weißwein, Kekse, Schokolade, Marzipan, Bonbons und Äpfel. Ganz nett. Natürlich keine Unmengen. Als man annahm, dass der Chef nicht mehr kommen würde, wurde kurz der ernste Teil erledigt, und anschließend ging es ins Bett. Es war immerhin schon Mitternacht. Heute war der Großteil weg und hat Räder geholt. Der Rest wurde beschäftigt. Über Mittag habe ich dann mein Weihnachtsessen eingenommen. Aperitif, Bouillon, Taube gebraten mit Butter, dazu Püree und Weißbrot. Anschließend Torte. Für heute Abend nahm ich mir noch eine Taube mit, die ich kalt gegessen habe. Das war jedenfalls prima. Die übrigen Pakete sind leider nicht angekommen. Aber die Marmelade ist prima. Außerdem kam noch Brief 17 an vom 10.XII. Herzlichen Dank. Heute Abend habe ich Wache. Ich muss deshalb schließen. Herzliche Grüße und die besten Wünsche zum Neuen Jahr sendet Euch Euer Eskel.

O.U./28.12.1943
Meine lieben Eltern,
so, jetzt kann ich auch Weihnachten feiern. Gestern Abend sind Eure lieben Pakete 20, 21, 22 angekommen, dazu die Briefe 20, 21, 22. Also wirklich Grund genug. Ich wusste gar nicht, wo ich anfangen sollte. Also ich danke Euch tausend Mal für die lieben Packerln und die Briefe. Junge, ist das ein Kuchen. Die Sandtorte ist super fine. Auch der Puffer und die Hühnerpastete. Dies sind mal andere, verfeinerte Genüsse, die ich schon lange nicht mehr gesehen habe, obgleich ich hier ja auch nicht schlecht lebe. In den nächsten Tagen geht eine Sendung an Euch ab. Ich habe jetzt was zusammen, u.a. 1 Pfund Butter. Im Januar fährt ein Kamerad auf Urlaub, der nimmt höchstwahrscheinlich 10 Kilo Mehl mit, die er Euch von Deutschland aus per Post zusendet.

Ich werde alles tun, um sie zusammenzubringen. Für meine Bemühungen konnte ich meine aufgesparten Zigaretten prima gebrauchen. Sowie 100g Päckchen erlaubt sind, schickt mir doch laufend bitte welche her. Ich wäre Euch sehr dankbar. Mit dem Schreiben ist es hier schrecklich. Ich komme einfach kaum dazu. Wir haben jeden zweiten Tag Wache und sind dann hundemüde. Eben kommt gerade die Post und bringt mir Euren lieben Brief No. 23. Ich kann Euch nicht sagen, wie es mich freut, dass Mutti zu Weihnachten Post hatte. Sonst geht es mir prima. Dadurch, dass ich häufiger hinauskomme und mich auch sonst rege, bin ich ein durchaus viel beschäftigter Mann und habe nie Langeweile. Das ist bon. So, das ist mein letzter Gruß aus dem alten Jahr, hoffentlich erfüllten sich unsere Wünsche im Neuen Jahr. Für mich wäre das die Versetzung auf eine Flugzeugführerschule. In diesem Sinne grüße ich Euch recht herzlich, Euer Eskel.

Briefe von Eskel Jacobsen an seine Eltern aus dem Jahre 1944:

O.U./2.1.194446
Liebe Eltern,
endlich steigt der verspätete Weihnachtsgruß; ich hoffe, Euch damit eine kleine Freude bereitet zu haben. Ein zweites Päckchen folgt noch in dieser Woche, wenn der Speck aus dem Rauch kommt. Es grüßt Euch recht herzlich Euer Eskel.

O.U/2.1.1944
Meine lieben Eltern,
ganz in Eile nur ein kurzer Gruß. Die Zeit ist hier so knapp, dass Ihr mit Post von mir wirklich zu kurz kommt. Aber stellt Euch vor, gestern erhielt ich wieder eine große Zeitschriftensendung von Euch, und ich habe die erste noch nicht einmal gelesen. Ich muss erstmal einen guten Moment zum Lesen abwarten, der bestimmt auch kommt. Ebenfalls erhielt ich mit herzlichem Dank Euer Päckchen No. 85 mit Marzipan, sowie Brief 10 vom 25.XI.43! Also herzlichen Dank dafür. Mit gleicher Post geht Päckchen No. 2 ab, das erste von hier. Im Laufe der Woche folgt noch ein zweites. So, ich muss schon wieder schließen, der Dienst ruft. Mir geht es soweit prima, also recht herzliche Grüße sendet Euch Euer Eskel.

O.U/6.1.1944
Liebe Eltern,

gestern erhielt ich mit vielem Dank Euren lieben Brief No. 26. Mutti hat leider recht mit dem Vorwurf, dass ich nur sehr flüchtig schreibe und nicht allzu sehr auf Eure Briefe eingehe. Aber mir fehlt einfach die Muße dazu. Ich hoffe, das wird auch noch einmal anders. Mit Hans-Jürgen ist die Verbindung seit unserer Versetzung abgerissen. Ich weiß seine neue Feldpostnummer noch nicht, und er die meine sicherlich auch nicht. Unsere Stube hat eine neue Belegschaft bekommen. Hier ist jetzt was los. Die (?) sind alle runter. Päckchen 25 habe ich Euch doch schon bestätigt? Das Marzipan hat prima geschmeckt. Aber viele Eurer Fragen betreffen das Dienstliche, und darauf kann ich nicht eingehen. Freitag soll endlich der Speck eintrudeln. Die Zeitangabe der Franzosen ist nie allzu genau. Man muss immer das Doppelte annehmen. Sonst ist nichts Neues hier los. Herzliche Grüße sendet Euch Euer Eskel.

O.U./9.1.1944
Liebe Eltern,
vorgestern war mal wieder ein Freudentag für mich durch Eure Post, die ich an diesem Tage bekam. Das war Brief 24, 25 sowie die Päckchen 26, 27, 28, 29. Habt tausend Dank dafür. Die Handschuhe sind einfach prima warm. Ich hab mich sehr dazu gefreut. Und die Bonbons, das war wieder ein erlesener Geschmack, Wie hast Du die nur gemacht, Mutti? Sie haben einfach prima geschmeckt. Dass die 100g Päckchen wieder erlaubt sind, ist überhaupt tadellos. So ein kleiner Gruß aus der Heimat ist die größte Freude, die man hier überhaupt hat. Ich sitze heute Morgen auf dem Gefechtsstand einer anderen Kompagnie als Melder und habe so endlich mal Ruhe, einen vernünftigen Brief zu schreiben, in dem ich auch mal auf Eure Fragen eingehen kann. Mit der Post scheint es ja nun langsam eingelaufen zu sein. Ich habe alle Briefe bis einschließlich No. 26 erhalten. Letzteren bestätigte ich ja schon im vorigen Brief. Bei den Paketen fehlt mir noch No. 24. Das wird auch noch dauern, denn die Pakete mit Zulassungsmarken sind fast alle 3 Wochen unterwegs. Nach allen Berichten habt Ihr Weihnachten nicht schlecht gelebt, ich hatte auch genug und gut zu essen, aber es fehlte doch etwas. Das ist eben nur zu Hause, die Gemütlichkeit, die ich so schätze und bei der es eben überhaupt erst ein Fest wird. Nun, ich hoffe mit Euch, dass wir die nächste Weihnacht gemeinsam feiern können. Zulassungsmarken hoffe ich bald zu bekommen. Wann, das ist natürlich noch nicht heraus, denn so schnell geht es bei uns nicht. Dass Peter gefallen ist, hat mich sehr erschüttert. Ich kann mir die Trostlosigkeit bei Obendorfs vorstellen. Grüße sie bitte

alle recht herzlich von mir. Die Auszeichnung von Mausis Mann ist dann jedenfalls viel erfreulicher. Sag Mausi doch bitte, ich ließe ihn herzlich grüßen und wünsche ihm weiterhin alles Gute. In der Nähe von Dieppe (Stadt in der Normandie; Anmerkung des Hrsg.) liege ich nicht, wie Frau Burmester meint. Wir haben nach dorthin nicht die geringsten Beziehungen. Von Urlaub allerdings redet man überhaupt nicht bei uns. Das ist noch ein wenig zu früh. Ein paar nette Kameraden findet man überall, aber so einen Freund, wie ich in Alfred im R. A D. gefunden habe, ist mir bisher noch nicht begegnet. Vielleicht ist es auch besser so, denn wir werden immer innerhalb der Kompagnie versetzt, und da wäre die Trennung dann nicht leicht. Er wird wohl schon auf R.O.B. (Reserve Offiziers Bewerber; Anmerkung des Hrsg.) Lehrgang sein, wie er mir schrieb. Mit ihm werde ich nach dem Krieg wieder nahe Verbindung aufnehmen. Auf das Paket freue ich mich schon mächtig. Die Sachen von der Gans. Na, es wird ein Leckerbissen. Fast habe ich immer noch nicht geschrieben. Aber ich schreibe der Familie bald mal. Weißt Du, ich hab so wenig Zeit, dass ich dann lieber Euch schreibe, als an die anderen, das müsst Ihr einsehen. Die Bilder sind in doppelter Auflage hier eingetroffen. Ich kann sie immer wieder betrachten und mich dabei an eine Zeit erinnern, die ich erst jetzt so langsam zu schätzen beginne. Dass Ihr viel vorausgesagt habt, was ich nicht einsah, ist mir jetzt klar. Aber glaubt mir, man strebt mal nach Abwechslungen, und man muss mal einiges kennen gelernt haben, damit man überhaupt weiß, was ein Zuhause, wie das unsere, überhaupt bedeutet. Ich glaube, wenn ich wieder einen Teppich sehe, weiß ich nicht, ob ich überhaupt darauf herumgehen darf. Trotzdem bedaure ich diese Zeit nicht, denn es ist - wie gesagt - ganz gut, mal sehr primitiv gelebt zu haben, um nicht alles, was es zu Hause gibt, so selbstverständlich hinzunehmen. Hilde Knoop (?) muss ich, bezugnehmend auf die Bilder, auch noch mal schreiben. War das doch schön, so im Sommer über den Tennisplatz zu jagen. Und anschließend ein kühles Bad. Und dann das Beste: ein leckeres Essen von Mutti. (Vati, Dir möchte ich besonders noch für die lieben Grüße danken, die Du jedem Brief von Mutti beifügst. Ich finde es rührend von Dir, dass Du jedes Mal, trotz der vielen Arbeit, die Du bestimmt hast, die Zeit dazu findest. Ich kann nur sagen, dass ich froh bin, heute Morgen die Zeit gefunden zu haben, diesen Brief auf noch leeren Magen (?) zu schreiben. Mir ist immer so viel wohler, wenn ich mich einmal richtig mit Euch brieflich unterhalten habe. Ich habe dann immer unser Heim vor Augen und stelle mir alles so bildlich vor, wie es Abend ist, wenn wir alle drei an unseren gewohnten Plätzen saßen. Ich hasse, genau wie Ihr, die eben hingeworfenen kurzen Zeilen, die das Wesen eines Briefes zwischen uns ja gar nicht erfüllen. Ich schreibe auch lieber ausführlich von allem, was ich so tue und lasse. Aber das geht leider nicht. Auch über das, was hier geschieht, kann ich nicht berichten. Das bleibt einer späteren Gelegenheit vorbehalten. Ich schreibe nur, damit Mutti sich nicht unnötig aufregt, denn ich kenne Dich ja, meine kleine, sehr nahe am Wasser bauende... So, den Brief werde ich heute Abend fertigschreiben, da er ja doch nicht vor morgen früh weggehen kann und ich dann noch Post von gestern Abend und heute Abend bekommen kann. Post war leider nicht da, aber dafür habe ich endlich den geräucherten durchwachsenen Speck erhalten, den ich Euch in den nächsten Tagen sende. Nun denn die herzlichsten Grüße von Eurem Eskel.

O.U./12.1.1944
Liebe Eltern,
Ihr habt mich vorgestern ja wieder mit Post überschüttet. Ich kann Euch gar nicht sagen, wie dankbar ich stets dafür bin. Ich bekam Eure lieben Briefe 28 und 29. Das Doppelpaket war auch da. Außerdem noch 6 100 g Päckchen sowie die Postanweisung. Das ist wirklich allerhand. Es waren vier Pakete mit den prima Butterkeksen, eines mit Zigaretten und eines mit P. Pulver. Die Nummern waren, glaube ich, 31 - 34. Also habt tausend Dank. Die Kekse sind immer noch die alte Qualität, muss ich sagen. Also einfach unbeschreiblich. Das Pulver werde ich auch in Bälde versuchen, sobald ich zurück bin. Zur vollen Würdigung des Paketes bin ich noch gar nicht gekommen, denn vorgestern spät, als ich die Post erhielt, musste ich mich fertigmachen, denn wir sind schon um 4.00 früh aufgestanden. Das Marzipan und der Gruß von Moritz haben auf jeden Fall erlesen geschmeckt. Die Dose habe ich noch nicht geöffnet. Das soll heute Abend geschehen, wenn wir hungrig heimkehren. Die Gänsebrust wird dann doppelt gut schmecken. Und dann der Kuchen. Den kenne ich ja und weiß seine Güte vollauf zu würdigen. Burmesters dankt bitte recht herzlich für den Schwamm. Vor Weihnachten habe ich schon einmal aus Belgien geschrieben. Also nun nochmals tausend herzlichen Dank für alles Schöne: Kuchen, Keks, Zigaretten etc. So, und nun zu Euren Briefen. Ganz allgemein werde ich mich bemühen, in Zukunft etwas häufiger zu schreiben. Dass es dann nicht immer so ausführlich sein kann, versteht Ihr ja. Aber ich glaube, Mutti kommt es überhaupt darauf an, einen Gruß zu bekommen! Karten schreiben mag ich nicht, ich habe eine komische Abneigung dagegen. Ich weiß überhaupt nicht, was ich darauf schreiben soll. Zudem sind Ansichtskarten verboten. Mit den Zeitungen, die ich nicht

bestätigt haben soll, ist es noch eine besondere Sache. Wenn unsere Postholer nicht mehr dazu kommen, sie durchzusehen, werden sie auf die Einheiten verteilt und erreichen ihren Besitzer nicht. Das ist mir bestimmt auch passiert, denn nach den beiden letzten großen Sendungen, von denen ich schrieb, dass ich kaum zum Lesen käme, habe ich noch nichts wieder erhalten. Zu Eurer Beruhigung: inzwischen bin ich dazu gekommen, alle Zeitungen zu lesen. Man muss sich nur an die rechte Zeiteinteilung gewöhnen. Dass für Mutti die Trennung am schmerzlichsten ist, glaube ich bestimmt. Den ganzen Tag allein zu Haus, dann hast Du zu viel Gelegenheit zu denken und wirst nicht genügend abgelenkt. Das ist bei uns anders. Wir sind unter Kameraden. Unsere Vorgesetzten sind gut. So einen Chef finden wir überhaupt nicht wieder. Also, ich kann bestimmt nicht klagen. Irgendwelche Versetzungen haben nicht stattgefunden. Innerhalb der Kompagnieunterkunft bin ich allerdings schon ein paar Mal umgezogen. Dass Ihr Drahtfunk in Niendorf bekommen habt, ist ja enorm. Das wäre so was für mich. Die Störungen müssen dann doch so gut wie ausgeschaltet sein. Wenn Otto Junge zu Euch kommt, kann er doch ein Paket für mich mitnehmen und in Frankreich aufgeben. Ich glaube, dann spielt das Gewicht keine Rolle. Grüßt ihn bitte recht herzlich von mir und befragt ihn mal darüber. Leider ist die Sache mit dem auf Urlaub fahrenden Kameraden nichts geworden. Er wurde in letzter Minute versetzt. Ich werde Euch das Mehl dann kiloweise schicken. Über die Neuigkeiten von Seiten der Germania haltet mich bitte auf dem Laufenden. Mich interessiert das immer sehr. Steht die Fabrik doch noch nach dem letzten Angriff? Über Peter Nielsens Tod kann ich gar nicht hinwegkommen. Man kann es sich überhaupt nicht vorstellen. Einfach weg - -aus. Es ist zu traurig für Obendorfs. Krönkes grüßt auch bitte von mir. Ihr kommt ja gelegentlich der so häufig stattfindenden Bridge-Meetings mit ihnen zusammen. Das wäre eine ergiebige Saison für mich geworden, dieser Winter. Ich hätte endlich mal ordentlich was gelernt bei der Sache.

Na, trösten wir uns auf den noch ach so fernen Urlaub. Aber ich komme ihm jeden Tag um 24 Stunden näher. Das ist auch ein Trost. Diesen Brief habe ich unterwegs geschrieben von meiner besagten Reise, die nach Lille ging. Leider hatte ich keine Zeit, sonst hätte ich mal nach der Adresse von Moritz' Frau geschaut. Schreibt sie mir doch postwendend, bitte. Es besteht nämlich die Möglichkeit, dass ich noch einmal dorthin komme. Heute Abend werde ich den Brief aus unserem Kaff absenden, nachdem ich zuvor noch die Post abgewartet habe. So, also, fini für heute. Dies ist auf jeden Fall ein Brief, wie Ihr und ich auch

in gerne haben. Also, gestern war keine Post. Deshalb die allerherzlichsten Grüße von Eurem Eskel.

O.U./17.11.1944
Liebe Eltern,
so, heute habe ich mal wieder Zeit, auf Eure liebe Post zu antworten.
Ich kann Euch für Briefe 27, 30, 31 und Päckchen 35 und eine große
Endung mit 7 Zeitschriften herzlich danken. Seit dem letzten Brief sind
schon wieder etliche Tage vergangen, und ich weiß nicht, wie. Abends
müde und faul, das ist so die Tendenz. Aber dafür heute. Wir sind mal
wieder häufiger bei der Nachbarkompanie und haben Zeit. Die Plätzchen kann ich nicht genug bestaunen, sie schmecken immer wieder
prima! Die Zeitungen lese ich heute noch alle durch. Post kann ich
auch aufarbeiten, es ist wirklich sehr erfreulich, dieser Tag. Das Wetter
ist in den letzten Tagen wieder kälter geworden. Der Schmutz auf den
Wegen ist gefroren, so dass es hier ganz manierlich aussieht. Die Bilder habe ich alle bekommen. Ich finde so etwas immer besonders
schön, so eine Erinnerung an zu Hause. Brief 27 ist ja enorm lange
gegangen. Die darin angekündigten Päckchen habe ich schon lange
dankend bestätigt. Die 100 g Päckchen gehen überhaupt im Allgemeinen ziemlich schnell. Zulassungsmarken lege ich heute 2 Stück bei.
Das sind diejenigen für Januar. Mehr gibt es nicht. Also wenn Ihr welche dazu organisieren könntet, wäre es besser. Bei uns funkt es mit
Aufstehen nicht ganz so gemütlich wie bei Euch; 6.30 ist Wecken,
sonntags eine Stunde Später. Das ist immerhin erträglich. Anschließend ist bis Mittag Ausbildung. Alles Mögliche, was uns noch so fehlt.
Ja, weißt Du, Mutti, Du erkundigst Dich nach dem Stopfen. Das ist
natürlich so eine Sache. Man schlägt sich so durch. Richtig stopfen
kann ich nicht, das dauert mir zu lange. Die Fuß-Schoner ziehe ich
nachts immer an, das geht prima, In Stiefeln kann ich sie nicht tragen,
da sie zu viele Nähte haben, die dann drücken. Zum Kartenspielen bin
ich noch gar nicht gekommen. Das war beim RAD. anders, wo wir
jeden Tag gespielt haben. Mit H.-Jürgen ist die Verbindung seit unserer
Versetzung abgerissen. Die Kompanien liegen so weit auseinander,
dass ich ihn unmöglich besuchen kann. Ich glaube, Ihr könnt Euch gar
keinen Begriff von der Einsamkeit hier machen. Total auf dem Dorfe.
Wenn ich mal wieder mein Zimmer beziehen sollte, weiß ich mich gar
nicht zu lassen, mit fließend Wasser auf dem Zimmer etc. Na, ewig
werden wir hier auch nicht bleiben, obschon über die Dauer unseres
Aufenthaltes nicht, nichts, aber auch gar nichts bekannt ist. Na, man
kann es schon aushalten hier. Die gute Essenslage tröstet über man-

ches hinweg, und dann Eure liebe Post, das ist die Hauptsache. In der letzten Zeit ist sie besonders reichlich, wo ich nicht mehr so viel schreibe. Aber das wird vorübergehen. Nochmals tausend Dank dafür und viele herzliche Grüße von Eurem Eskel.
Grüße von Eurem Eskel.

O.U /24.1.1944
Liebe Eltern,
heute habe ich mal wieder Zeit zu schreiben, so dass ich Euch auf Briefe 32 und 33 antworten kann. Die beiden Briefe habe ich ja schon kurz bestätigt. Zuvor habe ich Euch noch recht herzlich für die Zeitungen zu danken, sowie für 7 Päckchen, die man mir gestern aushändigte. Eines davon wieder mit Puddingpulver. Das erste Pulver habe ich schon verbraucht. Du kannst Dir vorstellen, wie der Pudding in reiner Vollmilch geschmeckt hat. Schickt doch bitte davon noch, genau wie die letzten Male, in Mengen gemessen für 11 Milch. Außerdem kamen No. 38, 39, 40, 41, 42 und 43. Mit Keksen und Fendant. Heute habe ich nur einige mitgenommen, damit ich etwas länger davon habe. Die Sachen waren wieder prima. Wie ist es eigentlich mit den Plätzchen von Frau Kampermann? Ich sollte sie eigentlich doch bestätigen, schriebst Du, dann aber wieder so, als ob ich abwarten sollte? Ich weiß also nicht recht, was los ist. Aber jetzt zu Euren Briefen: Einen netten Bridge bei einer netten Kaffeeschlacht möchte ich auch mal wieder mitmachen. Zum Kartenspielen komme ich hier überhaupt nicht. Man ist froh, wenn man ausschlafen kann. Die Bilder habe ich alle empfangen, wie ich Euch schon mehrfach schrieb. Die Papiersendung hat sich erübrigt, da R.K. Scheine nicht mehr gültig sind. Obendorfs habe ich kondoliert, ebenso habe ich endlich an Fast geschrieben. Sag' mal, 50,— von Oma, das ist ja allerhand, so etwas ist ja noch nicht vorgekommen. Die kriegt es fertig und setzt mich noch als Erben ein, obgleich mir das ziemlich egal ist. Mit dem Sparkonto ist es ja prima, aber es gehört ja praktisch Dir und nicht mir, Mutti. Stimmt das nicht? Ich glaube, zum Wochenende werden sie nicht gerade kommen, aber der Krieg scheint ja einiges zu überbrücken. Sonst hört man von zu Hause ja doch nicht viel Erfreuliches. Es wird immer trostloser. Das ist hier anders. Man lebt unter Kameraden, hat genug und zu viel zu essen und nimmt sich eben die paar Freiheiten, die man braucht. Sehr primitiv, aber einigermaßen glücklich. Wenn ich dagegen z.B. an Obendorfs und F.C. denke, bin ich immer wieder erschüttert. Ich glaube auch, dass die Entscheidung nicht mehr allzu fern sein kann. Eben kamen mit der Post wieder drei Päckchen 30, 45, 46. Meinen herzlichsten Dank dafür. Das sind immerhin

die erfreulichsten Grüße aus der Heimat. Wenn ich hier auch mehr als satt werde, so weiß ich Deine Bäckerei doch stets zu schätzen, liebe Mutti, denn der richtige Geschmack kommt nur von zu Hause. Nochmals tausend Dank für alle Post und viele herzliche Grüße von Eurem Eskel.

P.S. Grüßt alle Bekannten recht schön, bitte. Eskel

O.U.27.1.1944

Liebe Eltern,

so, heute bin ich mal wieder Melder bei unserer Nachbarkompagnie und kann die Gelegenheit wahrnehmen, Euch für Eure lieben Briefe 34 und 36 zu danken. 35 ist noch nicht angekommen, aber das kommt ja häufiger vor, dass ein Brief nachhinkt. Päckchen 47/48 mit den Keksen sowie eine große Zeitungen-Sendung habe ich auch erhalten. Meinen herzlichsten Dank für alles. Die Kekse haben wieder picobello geschmeckt. Die zweite Pudding-Sendung ist auch schon aufgebraucht. Ich habe einen Pudding gemacht mit gut 11 Milch, frisch von der Kuh, 2 Eier,

Eiweiß natürlich geschlagen. Das war vielleicht eine Creme. Im Augenblick lebe ich überhaupt wie ein Fürst. Morgens Schweineschmalz und Schinken, dazu im Laufe des Tages noch einige Eier und dann die Verpflegung, die es so gibt. Schinken werde ich Euch demnächst auch mal ein schönes Stückchen senden, damit Ihr auch mal kosten könnt. Dass das Paket von mir angekommen ist, freut mich sehr. Verwendet die Sachen doch bitte auch für Euch mit, ich brauch doch nicht alles, wo ich hier doch sowieso schon so gut lebe. Ich habe mich hier zu einem richtigen Organisator entwickelt. Gestern war der Bataillonskommandeur da, der unbedingt Butter brauchte. Na, da musste ich los. 3 Pfund waren dann auch da, obgleich gestern ein ungünstiger Tag war, denn die Bauern hatten tags zuvor ihre Butter abgeliefert. Eier bekomme ich auch hier. Aber wie ich die schicken soll, weiß ich nicht. Und ich glaube, davon habt Ihr auch noch einigermaßen. Butter kostet hier mindestens 10,--RM das Pfund. Der Schinken 15,-- RM das Kilo. Er ist aber prima. Na, Ihr werdet ihn auch noch sehen. So, und nun zu Vatis Fragen, die meine Zukunft betreffen. Als K.O.B. (Kriegsoffiziersbewerber; Anmerkung des Herausgebers) oder zu einem solchen Lehrgang habe ich mich nicht gemeldet. Wir sind hier bei einer Einheit, wo wir auch als halbe Rekruten geführt werden. Außerdem steht es zu erwarten, dass wir nicht allzu lange dort bleiben werden. Das heißt, ein paar Monate kann es immerhin noch dauern. Um so einen Studien-Urlaub einzureichen, muss man zum Stamm einer Kompagnie gehören und vor allem länger dienen, als ich bisher. Sonst bin ich natürlich sehr damit einverstanden, und so wie ich eine solche Möglichkeit sehe, ergreife ich sie mit beiden Händen. Vorerst muss man aber erstmal Vollsoldat werden. Vielleicht habe ich ja das Glück und komme mal auf eine Fliegerschule. Dann liegen die Verhältnisse wieder anders. Aber so weit darf man noch gar nicht denken. Hoffentlich findet Ihr einen passenden Kontorraum; ich kann Euch darin sehr verstehen. Ihr wisst ja, ich liebe so etwas auch ganz besonders. Der Kuchen in Dosen hat sich tadellos gehalten; er war noch völlig frisch und hat prima geschmeckt. Mein Kompaniechef heißt Oblt. Kander, der auch damals den Brief öffnete. So, nun Schluss und die allerherzlichsten Grüße von Eurem Eskel.

O.U./29.1.1944
Liebe Eltern,
heute Abend nur noch einen kurzen Gruß, in dem ich Euch Eure Post bestätige. Ich hoffe, dass ich morgen Zeit habe, sie zu beantworten. Das heißt, wenn ich keine Wache habe. Ich kann Euch recht herzlich für Eure lieben Briefe No. 32 und 33 danken, sowie für eine große Zeitungen-Sendung, die ich leider noch gar nicht angesehen habe. Morgen mit gleicher Post geht ein Paket 4 an Euch ab. Es ist der lange versprochene Speck. Es grüßt Euch auf das herzlichste Euer Eskel.

O.U./29.1.1944
Liebe Eltern,
gestern Abend erhielt ich mit vielem Dank Euren lieben Brief 37 vom 22. des Monats. No. 35 ist immer noch nicht da. Hoffentlich braucht er keine sechs Wochen. Ich bin nun zum dritten Male innerhalb des Kompaniegefechtsstandes umgezogen und endlich in eine annehmbare Unterkunft gelangt. Man fühlt sich so bedeutend wohler. Hier habe ich endlich die richtige Gelegenheit zum Kochen. Gestern Morgen Rührei mit Schinken, zu Mittag Pudding und abends ein tolles Bauernfrühstück, Bratkartoffeln, Schinken und 2 Spiegeleier darunter. Heute Morgen habe ich nur Schlagsahne gemacht und sie mit Marmelade gegessen. Das werde ich jetzt häufiger tun. S (für Schlagsahne?) ist immer noch die Krone des Ganzen. Außerdem gibt es in unserer neuen Unterkunft eine Tageswache, da wir im Privatquartier liegen. Man könnte uns sonst eventuell etwas klauen. Das ist dann das Gegebene, um sich solche Leckerbissen zu bereiten. - Pause. - So, inzwischen ist es

schon wieder spät geworden, und ich will den Brief noch schnell zu Ende schreiben. Heute Abend mit der Post kam Brief 35 sowie wieder sechs nette kleine Päckchen (47, 48, 49, 50, 51, 52). Habt tausend Dank dafür! Morgen, am Sonntag, kann ich dann wieder einige Leckerbissen von zu Hause essen. Ich lege heute wieder 2 Marken bei. Sind die ersten, die ich im Januar sandte schon angekommen? Es ist schon wieder soweit, ich muss schließen und grüße Euch recht herzlich, Euer Eskel.

O.U./2.1.1944
Meine lieben Eltern,
heute habe ich mal wieder Stubenwache, und da möchte ich die Gelegenheit, mit Euch zu plaudern, nicht versäumen. Wie ich Euch schon berichtete, bin ich vor einiger Zeit wieder in eine andere Stube umgezogen. Eher habe ich es nun wirklich prima getroffen. Wir liegen hier mit 1 Unteroffizier und drei Mann, haben einen guten Ofen und viel Platz im Zimmer. Das ist bestimmt die beste Unterkunft in der Kompagnie. Die Ernährungslage ist nach wie vor gut. Heute Morgen habe ich wieder Schlagsahne gegessen. Ein viertel Liter, ich konnte es nicht mal ganz bewältigen. Es fehlte mir der geeignete Kuchen, aber den backe ich mir auch noch. Mürbeteig, dann eine Marmeladenfüllung und Sahne dazu. Das wird bestimmt etwas. Der springende Punkt dabei ist die Zeit. Und wenn man sich selbst etwas kocht, geht das ja nie so schnell wie zu Haus. In der kommenden Woche will ich mir mal ein Huhn leisten, braten und dann zu Mittag eine phantastische Mahlzeit machen. Man lebt wirklich ziemlich primitiv: essen, schlafen und Post. Das sind die drei Hauptsachen unseres Lebens hier. Schade, dass ich es nicht so wie Ihr machen kann und Euch den ganzen Tagesverlauf beschreiben, der sich zum großen Teil aus Geländeausbildung und Arbeitsdienst zusammensetzt. So, für heute Schluss. Die besten Grüße von Eurem Eskel.

O.U./5.2.1944
Liebe Eltern,
es wird wirklich Zeit, dass ich Euch für die eingegangene Post danke. Vorgestern kam zu meiner großen Freude Paket 37 mit der Pelzweste, den Keksen von Frau Kampermann und dem super Gänseschmalz an. Gestern waren Päckchen 44, 55 sowie 2 nicht nummerierte Päckchen mit Kakaokuchen. Außerdem Brief 38 und 40. Also, habt tausend Dank für alles. Ich kann mir jetzt ja wieder einen tollen Pudding kochen. Auch für die Zigaretten bin ich äußerst dankbar, denn mit den wenigen, die

es hier gibt, reicht man nicht ganz. Frau Kampermann werde ich auch baldigst schreiben. So, nun zu Euren Briefen. Der Tod T.C. hat mich wahrhaftig erschüttert. Sie ist bestimmt das Gefühl der Heimatlosigkeit nicht losgeworden. Immer hier ein paar Wochen, dann dort ein paar Wochen wohnen, schön war das bestimmt nicht. Nun, ich habe T.C. ja seit dem Sommer nicht mehr gesehen und weiß nicht, wie sie in der letzten Zeit gelitten hat. Dass es so weit gekommen ist, ist doch tief-traurig. Auch mit Mausis Mann ist es ja sehr ungewiss. Vermisst ist ein weiter Begriff. Und dann, wenn es so wäre, wie Ihr annehmt: russische Gefangenschaft! Es ist bestimmt nicht erfreulich für Mausi und die gan-ze Familie. Für heute Schluss und nochmals herzlichen Dank für die lieben Päckchen. Herzliche Grüße Euer Eskel.

O.U./9.2.1944
Liebe Eltern,
für heute Abend möchte ich Euch nur einen kurzen Gruß senden. In der letzten Zeit habe ich nur sehr wenig Zeit gehabt, ich bin täglich als Melder unterwegs gewesen. Morgen gehe ich als Transportbegleiter mit. Vielleicht bis zur Reichsgrenze. Das ist mal wieder Sache. Zwei Briefe sind auch von Euch eingetroffen. Ich hab sie im Augenblick nicht da, denn ich bin auf Wache. Beim nächsten Brief werde ich darauf eingehen. Wenn ein paar Tage länger jetzt keine Post kommt, seid nicht unruhig, dann bin ich eben unterwegs. Für heute Abend Schluss, die herzlichsten Grüße von Eurem Eskel.

O.U./21.2.1944
Liebe Eltern,
gestern Abend bin ich gut beim Bataillon angekommen. Heute geht es dann weiter zur Kompagnie. Von der Grenze konnte ich nicht schrei-ben, da unser Wagen ohne Licht war. Ihr habt ja von Adri gehört, dass ich gut weggekommen bin. Herzliche Grüße Euer Eskel.

O.U./24.2.1944
Liebe Eltern,
so, da wären wir wieder in unserem Nest gelandet. Die Reise ist ganz programmgemäß verlaufen. In Hamburg schon einen Sitzplatz bis Lille hindurch. Dort hatten wir erst einmal Fliegeralarm, aber ohne Beschuss oder sonstiges Getöse. Dann bis Arras (Stadt in Nordfrankreich; An-merkung des Hrsg.) und weiter zum Bataillon fuhren wir in einem un-geheizten Bummelzug. Als wir mit etlicher Verspätung ausstiegen, waren wir leicht zu Eisklumpen gefroren. In Lille traf ich meinen Kumpel

aus Erfurt wieder, so konnten wir wenigstens den Schluss der Reise gemeinsam zurücklegen. Vom Bataillon schrieb ich Euch die Karte, die hoffentlich inzwischen angekommen ist. Bei der Reichsgrenze kam ich nicht dazu, denn in unserem Abteil brannte, wie gesagt, das Licht nicht, und ich hatte die Karte nicht geschrieben. Wenn Ihr Adri angerufen habt, wusstet Ihr ja, dass ich gut weggekommen bin. Er war schon sehr früh am Bahnhof, hat mich aber leider vergeblich gesucht. Nachher haben wir uns aber doch noch gut eine Stunde gesprochen. Er muss jetzt

fix pauken fürs Abitur. Sonst ist Adri der Alte geblieben. Hier bin ich am Montagabend spät angekommen. Post war auch da die raue Menge. Es sind alle Briefe und Päckchen angekommen, die Ihr abgeschickt habt. Sogar der Brief mit der Vergleichsmitteilung, die Ihr mir nachgeschickt habt, ist schon da. Für alles meinen herzlichsten Dank. Im Augenblick habe ich ja mehr als zu viel zu essen. Und den Apfel, der Saft und der Kuchen - also einfach super. Ihr glaubt gar nicht, wie gut mir das Obst schmeckt. Die Zeitschriften waren auch da. Ich sitze gerade auf Wache und werde noch diesen Brief lesen. Sonst bin ich noch nicht dazu gekommen. Und dann muss ich Euch noch recht herzlich danken für die schönen Tage, die Ihr mir zu Hause bereitet habt. So mal wieder in die alte Gemütlichkeit reingerochen zu haben, war doch etwas zu Schönes. Hoffen wir also auf den nächsten Urlaub, um dann etwas länger dieses Vergnügen genießen zu können. Nochmals meinen allerherzlichsten Dank für die viele Post und die Tage zu Hause und die besten Grüße von Eurem Eskel.

O.U./27.2.1944
Liebe Eltern,
in großer Eile nur ein kurzer Gruß. Ich erfuhr heute gegen Mittag, dass ich versetzt werde. Leider bleibe ich in Frankreich. Ich komme auf einen Hilfsausbilderlehrgang. Na, das gibt noch mal anständigen Druck. Mein Postgeld von 37,-- geht leider zurück. Schickt bitte für Februar noch einmal ab. Allerdings müsst Ihr ja mit aller Post erst die neue Anschrift abwarten. Durch meine so plötzliche Versetzung. Ich komme heute Abend noch fort. Da ist mir durch meine Organisationspläne ein Riesenstrich gemacht worden. 1 Pf. Butter hab ich noch kaufen können, die geht vom neuen Standort an Euch ab. So, für heute Schluss; anbei 3 Zulassungsmarken. Herzliche Grüße von Eurem Eskel.
P. S. Ich schreibe sofort, wenn ich die neue Anschrift habe.

O.U./1.3.1944

Liebe Eltern,

so, heute Morgen sind wir in unserem neuen Bestimmungsort angekommen. Die Reise hat von Montagmorgen bis heute gedauert. In Lille
und Metz sind wir je einen Abend gewesen. In Metz haben wir mal
wieder Kino gesehen, „Karneval der Liebe"; die Musik war mal wieder
was für mich. Nachts um 2:50 ging es dann wieder weiter von neuem
nach Frankreich zu unserem Kursus. Schickt doch bitte an meine neue
Feldpostnummer L 55679C Lg. Pa. Paris zweimal 36,— RM Portogeld
ab. Dies kann an einem Tag geschehen. Ich habe eine Bescheinigung,
dass ich für Februar noch kein Postgeld empfangen habe. Wie lange
wir hierbleiben, weiß ich nicht. Päckchen mit Zulassungsmarken
schickt bitte vorläufig noch nicht ab. Hier muss man sich mit Ernährung
wieder fix umstellen. Wir liegen in einer großen Kaserne und kommen
nicht raus, und in der Stadt wird es wohl auch kaum etwas zu kaufen
geben. Na, vorläufig sind wir noch nicht draußen gewesen, und ich
muss Euch später davon berichten. Einstweilen geht es mir recht gut in
der neuen Umgebung. Der eine Freund von mir aus Possleben, der
seit einiger Zeit wieder bei der Kompagnie war, ist mit mir versetzt,
desgleichen ein Kamerad, mit dem ich in Tournai (Stadt in Frankreich;
Anmerkung des Herausgebers) zusammen war. Das ist also prima. Für
Euren lieben Brief 49 danke ich Euch recht herzlich und grüße Euch,
Euer Eskel.

O.U./5.3.1944
Liebe Eltern,

heute am Sonntagnachmittag, sitzen wir in unserer Kaserne und haben
keinen Ausgang. Ich nehme diese Gelegenheit wahr, um Euch mal
wieder zu schreiben. Vor einer Woche noch waren wir in B. (?) und
warteten auf unseren Abmarsch, der erst am nächsten Tage stattfand.
Nachmittags noch mal Kuchen gegessen und Abend zu fünft eine
Gans, die ich als letztes besorgt hatte. Seit einer Woche schiebe ich
nun hier wieder zeitweise Kohldampf denn die Umstellung auf normale
Kommisverpflegung fällt einem doch nicht so ganz leicht, wenn man so
verwöhnt war. Aber trocken Brot macht Wangen rot. Nur, dass wir keinen Ausgang haben, um vielleicht in der Stadt etwas zu besorgen, ist
höchst betrüblich. Wir werden hier wohl auch in Kürze wieder weg-
kommen zur weiteren Ausbildung, die ganz andere Formen haben
wird, als wir jemals geahnt haben. Irgendetwas Bestimmtes weiß ich
nicht, aber ich warte ab. Auch im Dienst mussten wir uns erheblich
umstellen, hier auf dem Lehrgang weht ein anderer Wind als da draußen. Appell über Appell hält uns ständig bei Beschäftigung. Gestern

Abend waren wir hier in der Kaserne im Kino; Marika Röck in „Hab'
mich lieb". Es war nicht aufregend, aber immerhin eine nette Abwechslung. Wenn ich daran denke, noch vor 3 Wochen zu Hause. Aber mit
Urlaub sieht es ziemlich windig aus, muss ich leider sagen. Heute
Nachmittag habe ich mal wieder meine Klamotten sortiert, auch meine
Briefpost. Von Euch liegen alle Briefe bis einschließlich No. 50 vor. Nun
warte ich auch seit einer Woche auf Post von zu Hause, und ich kann
Euch jetzt besser verstehen, wenn Ihr so unruhig seid. Bei mir lief ja
immer irgendwelche Post von Euch ein, so dass solche Pausen nicht
vorkamen. Auch das wird wieder anders. Mal wird man doch wieder
sesshaft bei einer Einheit. Ein Glück ist immer, dass ich jetzt mit netten
Kameraden, die ich schon lange kenne, zusammen bin. Das macht
alles erträglich. Meine Vorräte, die ich von zu Hause mitbrachte, sind
hier auch völlig draufgegangen. Dass meine Pläne in B. so wegen
Geldmangel scheiterten, ist sehr bedauerlich. Das eine Pfund Butter
geht heute mit gleicher Post ab. Das Paket ist gepackt. An den beiden
Seiten habe ich eine Idee abgenommen, als ich mal total auf dem Tro-
ckenen saß. Aber es sind wohl kaum 50 g, die fehlen. So, für heute die
allerherzlichsten Grüße von Eurem Eskel.

O.U./10.3.1944
Liebe Eltern,
heute war ein Festtag für mich, denn nach langer Zeit war wieder Post
von Euch da. Heute kam Euer Brief No. 56 vom 7.III, schon hier an.
Schickt bitte an meine jetzige Adresse keine Pakete, denn wie ich
schon sagte, werde ich wahrscheinlich bald weiterversetzt. Wie es mit
den Paketen steht, die Ihr an die alte Anschrift gesandt habt, weiß ich
auch nicht. Ich befürchte, sie werden zurückkommen, denn ob die alte
Einheit noch besteht, ist recht fraglich. Auf jeden Fall bin ich zu einem
anderen Regiment versetzt. Es ist möglich, dass ich nach dem Lehrgang als Hilfsausbilder eingesetzt werde. Aber gerade im Augenblick
weiß ich so gut wie nichts, was mit mir wird. Falls es mal mit Urlaub
klappen sollte, nehme ich die Chance natürlich war, aber das ist auch
nur eine kühne Hoffnung von mir. Am kommenden Sonntag soll es
Ausgang geben. Ich hoffe, dass ich mich dann mal wieder anständig
sattessen kann. Auf die Päckchen mit Hefekranz freue ich mich sehr;
das gibt wieder ein Festessen. Ich hoffe, dass sie gerade zum Sonntag
hier sein werden. Unser Lehrgang soll in der nächsten Woche schon zu
Ende sein, und damit werden die Lebensumstände wohl wieder etwas
erfreulicher. Bis dahin grüßt Euch recht herzlich Euer Eskel.

O.U./17.3.1944

Liebe Eltern,

heute Abend will ich Euch noch schnell einen Gruß schicken, bevor ich auf Dienstreise nach Paris fahre. Ihr seht, es gibt auch nochmals was Gutes bei Preußens. Gestern Abend kam Brief 59 und heute No. 57, wofür ich Euch herzlich danke. Der Hefekranz 5x und die Marmeladenrolle 6x sind ebenfalls gut angekommen. Sie haben einfach erlesen geschmeckt. Die Zeitschriften, die Ihr nach B nachschicktet, werden wohl nicht mehr kommen. Es haben sich sicher Abnehmer gefunden. Inzwischen haben wir die Gewissheit erhalten, dass wir noch mehrere Wochen hierbleiben und unser Lehrgang noch so lange dauert. Anschließend werde ich als Ausbilder eingesetzt. Mit Schule sieht es ziemlich windig aus für die Zukunft. Nach dem Lehrgang werde ich als erstes Urlaub einreichen. Nach 7 Monaten müsste das eigentlich hinkommen. So, es wird Zeit, dass ich mich fertigmache, denn es geht heute Abend noch fort. A apropos, Zigaretten könnte ich wieder gut gebrauchen, denn im Augenblick gibt es keine Marketenderware, so dass ich knapp dran bin. Nun nochmals meinen herzlichsten Dank für Eure liebe Post und die herzlichsten Grüße von Eurem Eskel.

O.U./21.3.1944

„Paris, Du bist die schönste Stadt der Welt, Paris."

Liebe Eltern,

gestern Abend spät kam ich von meinem Ausflug nach Paris zurück. Und da will ich Euch gleich berichten. Außerdem fand ich gestern Abend Euren lieben Brief 58 vor. Heute kamen No. 55, 61 und 62. Habt tausend Dank dafür. Die Post geht doch nie regelmäßig. Aber die Hauptsache ist, sie kommt. Die alte Einheit schickte No. 55 nach, deshalb kam er so spät. Dass der Hefekranz sowie die Marmeladenrolle gut angekommen sind, schrieb ich ja schon. Hat natürlich toll geschmeckt. Mit dem Postgeld ist es auch so eine Sache. Nachgeschickt wird es nicht von der alten Einheit, also das Geld, das Ihr an L52274B geschickt habt, kommt alles zurück. Hier ist auch noch nichts angekommen. Der Rechnungsführer hier wird sicherlich Schwierigkeiten mit dem Geld von Februar machen, da es erst im März abgesandt wurde. Wenn dies auch zurückgehen sollte, könnt Ihr es aber trotzdem noch einmal senden, in Verbindung mit dem kleinen Abschnitt der Zahlkarte der 37,--, die ja im Februar aufgegeben wurden. Der Abschnitt müsste

nur auf 36,-- abgeändert werden und dann der neuen Anweisung bei-
gefugt werden. So viele Worte um das lächerliche Geld. Also stur, wie
sich manche Herren mal haben... Also, wie es endgültig wird mit dem
Postgeld, schreibe ich, sobald es hier eingetroffen ist. So, und nun zu
Paris. Die ganze Dienstreise hat einen tadellosen Verlauf gehabt. Das
Wetter gut, die Verpflegung, die wir uns kauften, ebenfalls. Unser netter Rechnungsführer hatte uns keine Karten mitgegeben, sondern
Marschverpflegung, aber wir haben trotzdem nicht schlecht gelebt die
Tage. Am Sonnabend früh kamen wir nach einer durchfahrenen Nacht
in Paris an und fuhren gleich zu unserem Bestimmungsort, wo wir Sachen für den Regimentsstab abholten. Anschließend ging es nach Paris zurück. Nachdem wir eine Quartieranweisung bekommen hatten,
leider ganz draußen, suchten wir diese zuerst auf, aßen etwas und
dann ab zum Ausgang. Mit der Metro bis zum Montmartre, wo wir auch
noch ins Kino gingen. „Immensee" gab es mit Kristina Söderbaum und
Carl Raddatz. Der Farbfilm gefiel mir ausgezeichnet. Das Kino war
ebenfalls eines der größten von Paris. Am Sonnabend war ja sowieso
nicht allzu viel mehr anzufangen, da wir ja erst bei Dunkelheit fortgin-
gen und die letzte Metro 21:05 Uhr aus der Stadt fährt. Die Metro ist
überhaupt so ein Kapitel. Ohne Metroplan ist man hoffnungslos verloren in dem Wirrwarr unter der Erde von Paris. Aber so häufig, wie man
die Bahn benutzt, kriegt man es allmählich spitz, wie es gemacht wird.
Karten braucht man nie, denn es dauert im allerhöchsten Falle 5 Minuten. Heute Abend werde ich wieder nicht fertig mit dem Brief. Ich muss
noch meine Sachen in Ordnung bringen. Morgen Abend setze ich meinen Bericht fort. Mit den allerherzlichsten Grüßen bleibe ich Euer Eskel.

O.U./24.3.1944
Liebe Eltern,
ich wollte ja schon vorgestern meinen Bericht fortsetzen, aber an den
beiden letzten Abenden hatte ich nicht eine Minute Zeit zum Schreiben.
Gestern war Nachtübung, und vorgestern hatten wir einen Filmvortrag.
Dazu hat man jeden Abend so viel mit den Klamotten zu tun, dass nicht
mehr viel Zeit bleibt. Nach dem Geländedienst sehen die Sachen immer aus. Das Wetter ist hier immer noch recht bescheiden, einen Tag
friert es, den anderen taut es wieder, dann regnet es, also ungemütlich
wie es schlimmer nicht geht. Dazu gibt es keine Kohlen, nie warmes
Wasser man lebt hier in jeder Beziehung schlechter als in Boyaval
Stadt in Nordfrankreich; Anmerkung des Hrsg.). Gestern Abend erhielt
ich mit vielem Dank Brief 63 und die Zeitschriften, die direkt nach hier

abgesandt waren. Die noch an die alte Anschrift gesandten Zeitungen haben bestimmt einen Liebhaber gefunden. Heute Abend kamen die Pakete 65, 66 mit Marken. Der Kuchen ist noch prima, nicht einmal zerbrochen, und auch noch frisch. Den Saft habe ich noch in der Dose gelassen, es wird wohl mal wieder eine Zeit kommen, in der ich mir wieder meinen Pudding kochen kann. Aber das wird noch etwas dauern, fürchte ich. So, nun will ich Euch noch von Paris berichten. Am Sonntagmorgen ging es nach einem kurzen Frühstück gleich los. Wir wollten doch etwas sehen von der Stadt. Der Eiffelturm, Marsfeld, Triumphbogen, Grab des Unbekannten Soldaten und ein paar Prachtstraßen. Na, man hat mal einen Eindruck von Paris bekommen. Zu Mittag und abends aßen wir im Soldatenheim. Leber mittags und Kaninchenbraten abends ohne Marken. Dazu habe ich Apfelmost getrunken, die raue Menge. Im Luna-Park waren wir ebenfalls zu einem kurzen Besuch. Unvernunft ist Trumpf, scheint dort die Parole zu sein. Dieser Rummel ist das ganze Jahr geöffnet, und es war ein Betrieb dort. An einer Bude konnte man für je 2 Francs einen Wurf auf einen Porzellanteller machen; also Jux. An der Wand dieser Bude hatten sich Scherben schon zu Bergen getürmt. Ist so etwas nicht Sabotage an der Kriegsproduktion? Aber es scheint sich niemand daran zu stören. Montag ging es dann nach hier zurück, wo noch alles seinen alten Gang geht. Hoffentlich gibt es Sonntag Ausgang, damit mal wieder etwas Abwechslung in die Kost kommt. So, für heute danke ich Euch nochmals recht herzlich für alle Post und grüße Euch innigst, Euer Eskel. P S. Ich fange jetzt wieder an, die Briefe zu nummerieren und trage sie in meinem Postbuch ein. Eskel .

O.U./27.3.1944

Liebe Eltern, so, heute Abend habe ich noch einen Moment Zeit, und da will ich Euch noch gleich für die Post danken, die über Sonnabend-Sonntag so reichlich hier einlief. Br. 60, 64, 65, sowie Päckchen 84, 87 waren es diesmal. Ich danke Euch recht herzlich dafür. Ein Päckchen war mit Hefekranz, das andere mit Plätzchen. Der Speck ist immer noch nicht da, aber ich hoffe doch in den nächsten Tagen fest darauf. Soviel Sorge braucht Ihr Euch nun wirklich nicht um meine Verpflegung zu machen. Durch Tausch gegen Zigaretten esse ich jetzt täglich 2 Fettrationen, so dass ich gut auskomme. Im Übrigen ist das viele Essen nur eine Angewohnheit, die wohl manchmal sehr schön ist, aber nicht entscheidend. Sonst geht es eigentlich recht gut. Ab und zu mal ein wenig Druck, aber im Allgemeinen ist es erträglich. Gestern hatten wir Ausgang; ich war abends im Kino. „Zirkus Renz" gab es, ganz annehmbar. Das ist das einzig Gute hier an dieser Stadt; man kommt mal wieder ins Kino. 2 m Gummiband habe ich auch erstanden. Ich werde sie bei Gelegenheit mal schicken. Kaffee werde ich auch kaufen, denn am Sonnabend bekam ich Postgeld ausgezahlt. Dasjenige für Februar geht doch wieder zurück, es lässt sich leider nicht ändern. Schickt mir am 1.4. nur noch einmal nach hier ab. So, für heute Schluss, meine lieben Eltern, und die allerherzlichsten Grüße von Eurem Eskel.

O.U./31.3.1944

Liebe Eltern, so, heute ist eigentlich schon lange ein Brief fällig, aber da wir an den beiden letzten Tagen Nachtmärsche hatten bin ich natürlich nicht dazu gekommen. Zum Glück hatte ich passendes Schuhzeug, so dass mir die Märsche absolut nichts ausgemacht haben. Seit dem letzten Brief ist wieder so viel Post eingegangen, dass ich richtig ein schwarzes Gewissen habe. Die Päckchen mit Speck 74, 75 sind auch angekommen, dazu 82, 83, 85, 86 und Br. 66 und Zeitschriften. Also, tausend Dank für Eure liebe Post. Der Hefekranz auch wieder tadellos. Wenn ich ihn esse, ist es immer eine besondere Delikatesse für mich. So etwas Buntes schmeckt doch zu interessant. Der Saft in der Dose ist inzwischen auch alle geworden. Die Verlockung war zu groß. Er war einfach super. Die reine Medizin für mich. Sonst geht der Dienst wie üblich weiter. Ab 1.4. ist um 5.00 Wecken, das haut hin. Wir hoffen, dass der Lehrgang am 15.4. beendet ist. So, für heute Schluss. Es ist schon wieder raustreten. Herzliche Grüße und tausend Dank, Euer Eskel.

O.U./4.4.1944

Liebe Eltern, zu Ostern möchte ich Euch die fröhlichsten Grüße senden und Euch wünschen, dass Ihr Ostern recht gemütlich verleben könnt. Heute Abend sind Eure lieben Osterpäckchen 89, 90, 91 hier angekommen, sowie auch Brief 62, für die ich Euch recht herzlich danke. Die Päckchensperre ist ja auch blöde. Die Marken auf 100 g Päckchen sind ja eigentlich schade, aber ich hatte schon damit gerechnet, zu Ostern keine Päckchen zu bekommen. Die Plätzchen sind wieder toll, desgleichen die Bonbons. Hier ist nichts Neues zu berichten, das tägliche Einerlei wirkt bald mehr als ermüdend. Ostern wird wohl ebenso verlaufen. In dieser Stadt ist so viel wie nichts anzufangen. Es wird dringend Zeit, dass es von hier fortgeht. Aber wann? Mein Gruppenführer wird jetzt zu meinem alten Regiment zurückversetzt. Ich muss sagen, dass ich ihn sehr beneide. Ich würde lieber wieder in Boyaval, Wache schieben, als hier die ewige Ausbilderei machen. Das Wetter ist in den letzten Tagen hier auch etwas wärmer geworden Vorher war es abscheulich. Doch April macht, was er will. Ich muss mal kurz in die Kantine, es soll dort Käse geben, und eine Gelegenheit, etwas Essbares zu kaufen, habe ich selten vorübergehen lassen. So, nun nochmals die besten Ostergrüße und vielen heißen Dank von Eurem Eskel.

O.U./8.4.1944
Liebe Eltern, heute Abend am Ostersonnabend nach Dienstschluss möchte ich Euch noch schnell ein paar Grüße senden und Euch für die liebe Post danken, die zu Ostern hier eintraf. Gestern Abend bekam ich Euren lieben Osterbrief mit dem Bild von Mutti und mir und den Frühlingsgruß aus Niendorf. Das Bild ist doch recht nett; sind die anderen nichts geworden? Heute war bis 17.00 Dienst, anschließend gehen wir in der Kaserne ins Kino. Morgen gibt es hoffentlich Ausgang, dann will ich meinen alten Spieß aus Boyaval mal besuchen; der ist inzwischen hier in Toul (Stadt in Lothringen, Frankreich; Anmerkung des Hrsg...) eingetroffen. Ich glaube, wir werden demnächst versetzt. Wohin, weiß man natürlich nicht. Einige haben schon ihren Marschbefehl und können Ostern reisen. Wenn wir gleich nachher fahren, ist es bedeutend besser, denn dienstfrei ist morgen sowieso. Von hier fortzugehen, macht mir gar nichts aus. Ich bin sogar froh, denn hier ist einfach nichts los. In dem kleinen Bovaval mit seinen 150 Einwohnern konnte ich mehr anfangen. Aber, wie gesagt, es scheint hier bald sein Ende zu nehmen. So, die Kameraden sind schon vorgegangen ins Kino. Ich schließe deshalb und danke Euch nochmals recht herzlich für die Post und grüße Euch tausendmal, Euer Eskel.

O.U./13.4.1944
Liebe Eltern,
so, die Feiertage sind nun schon wieder lange vorbei, und ich habe seit Sonnabend nicht mehr geschrieben. Gestern Abend wollte ich eigentlich ran, hatte aber die günstige Gelegenheit, in die Stadt zu kommen, und habe meinen alten Spieß aus B. besucht. Zunächst möchte ich Euch recht herzlich für die inzwischen eingelaufene Post danken, es waren Br. 67, 70, 71 und Päckchen 88, das letzte Osterpäckchen Also nochmals vielen Dank. Diesen Brief nimmt ein Kamerad mit, der nach Deutschland versetzt wird so dass ich hoffen kann, dass der Brief nicht all zulange unterwegs ist. Die alte Kompagnie besteht noch erzählte mir gestern der Spieß, allerdings lange nicht mehr so gemütlich, wie es früher war. Somit habe ich mich mit ihm eine Stunde sehr nett unterhalten. Vielleicht lande ich noch in seiner Kompagnie. Das wäre noch

nicht das Allerschlechteste. Aber über unserer Zukunft liegt noch einiges Dunkel. Ich hoffe auf jeden Fall, wieder zu einer Einsatzeinheit zu kommen. Das Leben dort ist doch etwas anderes als hier. So, es ist schon wieder Zeit ins Bett zu gehen. Nochmals tausend Dank und viele herzliche Grüße von Eurem Eskel.

O.U./16.4.1944

Liebe Eltern, ich komme gerade vom Ausgang zurück, und auch noch zeitig genug, einen Brief zu schreiben. Mit der Post heute waren Eure Briefe 72 und 74 gekommen, für die ich Euch recht herzlich danke. Ich kann Euch heute einige Neuigkeiten berichten betreffs der Dauer des Lehrgangs. Es ist wahrscheinlich, dass dieser bis Ende Mai dauert. Dann wäre ich drei Monate in Toul gewesen. Das hätte ich doch nie gedacht, als ich hier gekommen bin. Meine Urlaubspläne sind ja nun auch gewiss ins Wasser gefallen. Man kann nur noch auf den Sommer hoffen. Aber man weiß ja leider absolut nichts Bestimmtes. Ihr fragt wegen des Abiturs. Ich hatte gedacht, da es sich doch nur um den Vermerk handelt, der auf das Zeugnis gesetzt wird, will ich damit warten, bis ich in Urlaub komme, denn wenn ich mich auf der Universität einschreiben will, muss ich es doch persönlich tun. Mit der Butter sehe ich allmählich schwarz. Den Tag, an dem ich sie abgeschickt habe, weiß ich nicht genau, jedoch bestimmt in der ersten Hälfte von März. Das war die Zeit, als ich mein Buch nicht mehr führte. Deshalb wage ich es jetzt gar nicht, den Kaffee zu schicken. Ich habe gut ein Viertel Pfund. Dann bringe ich es lieber selber mit. Dieser Lehrgang soll scheinbar kein Ende nehmen. Trotzdem geht es mir gut. Mit den Vorgesetzten stehe ich mich gut. Obgleich wir Lehrgang sind, ist der Dienst bisher nur wenig anstrengend gewesen. In Zukunft wird es allerdings anders, denn ab morgen bekommt er sozusagen noch einmal. Aber wir werden es schon schaffen. Man trifft hier fast täglich alte Vorgesetzte von der E-Kompagnie. Auch Oblt. Kander ist hier eingetroffen, erzählte mir heute mein alter Spieß, den ich im Kino getroffen habe. Ich sah Tonelli allerdings in französischer Sprache. Meine schöne Übung, die ich mir in B. erworben hatte, geht wieder flöten hier. Es fehlt einfach die Gelegenheit. Viel auszugehen lohnt hier wirklich nicht. Kino und Soldatenheim, dann ist es aber restlos aus. Na, wenn ich im Sommer in Niendorf bin, wird alles doppelt nachgeholt. Jetzt könnte man sowieso noch nicht baden, also habe ich später mehr davon. So, für heute Schluss. Tausend herzliche Grüße sendet Euch Euer Eskel.
P.S. Päckchenmarken haben wir hier immer noch nicht gekriegt, ebenso wenig wie Marketenderware. Mit Zigaretten komme ich seitdem

nicht mehr klar. Hoffentlich könnt Ihr bald wieder 100g Päckchen schicken, um mich ein wenig zu restaurieren. Eskel.

O.U./19.4.1944
Liebe Eltern,
so, heute Abend möchte ich Euch recht herzlich für Br. 73 danken, der am Montag hier eintrudelte, sowie für die Zeitungen die gestern ankamen. Die Post kann doch nicht regelmäßig gehen. Für meine Butter die ich von hier absandte, sehe ich auch allmählich schwarz. Es wird Zeit, dass wir wieder nach Nordfrankreich kommen, von dort hat es scheinbar besser mit der Post geklappt Im Augenblick heißt es offiziell, dass wir Anfang Mai versetzt werden sollen. Dass wir im Regiment bleiben, ist wahrscheinlich. Ihr schriebt, dass bisher noch kein Postgeld zurückgekommen sei. Damit hat es wieder seine besondere Bewandtnis. Alles, was Ihr nach B. nachschicktet, muss zurückkommen und außerdem ein Postgeld, das an die neue Feldpostnummer gegangen ist. Die zwei im März abgesandten Gelder sind mir beide in Abständen von 14 Tagen ausgezahlt worden. Leider für die Monate *März* – April. Das für April abgesandte Postgeld geht leider zurück. Das nächste Geld könnt Ihr dann im Mai senden Aber wartet bitte noch damit, bis ich die neue Anschrift sende, denn dass ich in eine andere Kompagnie komme, ist so gut wie gewiss. Das Wetter wird hier auch langsam wärmer, die Bäume sind teilweise schon grün. Der Dienst in der letzten Zeit ist auch recht interessant. Man lernt sehr viel Neues. Aber hoffen wir, dass die Sache hier bald ein Ende hat und ich anschließend in Bälde auf Urlaub fahren kann. In diesem Sinne grüßt Euch auf das herzlichste Euer Eskel.

O.U./28.4.1944
Liebe Eltern,
ich liege schon im Bett auf und warte auf den Stubendurchgang. Aber vorher will ich Euch noch schnell einige herzliche Grüße senden. So, der Durchgang ist vorbei, und ich kann fortfahren. Unser Lehrgang wird wohl bestimmt in der nächsten Woche aufhören. Wenn ich Glück habe, komme ich zu Oblt. Kander, der jetzt auch eine Kompagnie im Regiment hat. Ich traf ihn, als ich vorgestern vor dem Theater Wache stand. In der letzten Zeit werden wir wieder sehr zu Wache herangezogen, da ausgebildete Mannschaften fehlen. Ich habe seit gut einer Woche keine Post mehr von Euch bekommen und schreibe dies der erhöhten Fliegertätigkeit im Reich zu. Irgendwelche Urlaubsbräune kann man sich vorläufig aus dem Kopf schlagen, denn für ganz Frankreich ist die

Urlaubssperre verhängt worden. Päckchenmarken habe ich bekommen. Zwei gehen mit diesem Brief, und im nächsten folgen zwei weitere. In der Hoffnung, bald etwas von Euch zu hören, grüßt Euch auf das herzlichste Euer Eskel.

O.U./23.4.1944
Liebe Eltern,
heute Abend will ich Euch nach dem Ausgang noch schnell für Euren lieben Brief No. 75 danken, der am Donnerstag hier eintraf. Die Tage schleichen hier nur so dahin; wenn der Lehrgang doch bloß ein Ende hätte. Zulassungsmarken gibt es auch in den nächsten Tagen gleich 4 Stück für zwei Monate. Aber wartet dann bitte, bis die Päckchensperre aufgehoben ist. Ich glaube, das Butterpäckchen ist langsam überfällig, das vierte Osterpäckchen ist gut angekommen. Aber dafür habe ich Euch schon gedankt. Wisst Ihr, dieses ewige Einerlei wirkt schon langsam lähmend auf den Geist ein, es wird Zeit, dass ich mal wieder etwas Neues sehe oder erlebe. Heute Nachmittag haben wir im Soldatenheim solange Kuchen gegessen, bis es nicht mehr ging. Das war aber auch neben dem Kino das einzig Positive, das dieser Tag gebracht hat. Ich habe „Wir machen Musik" auf Französisch gesehen. Der Inhalt ist ja belanglos, aber die Musik war nicht übel. - So, nun nochmals die besten Grüße von Eurem Eskel, der sich mehr als Doll nach Urlaub sehnt.

O.U./7.5.1944
Liebe Eltern, ich wollte ja schon am Freitag Eure beiden lieben Briefe beantworten, aber es ist mal wieder etwas dazwischengekommen. Ich schrieb Euch schon kurz, dass wir die ganze vorige Woche Arbeitsdienst gemacht haben. Am Freitag sollte dann Klamottenabgabe sein, und am Sonnabend sollte Versetzung sein. In der Nacht zum Freitag kam aber plötzlich Alarm, und wir rückten aus. Wir schieben jetzt zur Abwechslung mal wieder Dauerwache, allerdings nur für kurze Zeit. Ich hoffe, dass wir in der kommenden Woche doch noch versetzt werden. Daher also die Verzögerung. Ich kann diesen Brief nicht eintragen, da mein Postbuch in der Kaserne geblieben ist bei den übrigen Klamotten. Inzwischen lief hier noch Br., 79 von Euch ein, für den ich Euch herzlich danke. Inzwischen bin ich schon wieder drei Stunden auf Streife gewesen und habe meine 13 km auf Bahnschwellen abgelatscht. Man ist immer ziemlich müde, denn diese Trippelschritte strengen einigermaßen an. Aber jetzt will ich den Brief endgültig zu Ende schreiben. Von der Urlaubssperre schrieb ich Euch ja schon, damit ist es ja Essig.

Mit Alarm geht es hier; hier kommen nicht annähernd so viele Maschinen her wie in Nordfrankreich. Wie ich über das Abiturzeugnis denke, schrieb ich ja schon. Mit Alfred schreibe ich mich noch, in Abständen natürlich. Sagt, könnt Ihr nicht einmal versuchen, eine Pistole für mich zu kaufen; man muss stets mit Schusswaffe ausgehen, und da ist es so lästig, immer den Karabiner mit sich herumzuschleppen. Versucht einmal, was Ihr tun könnt. Bis zum Urlaub ist es ja doch noch einige Zeit, bis ich das Ding eventuell mitnehmen könnte. Hier selbst auf dem Lande gibt es so gut wie nichts zu kaufen. Die beiden letzten Päckchenmarken lege ich heute bei. Hoffentlich wird die Sperre bald aufgehoben, damit ich mal wieder eine kleine Kostprobe von zu Haus kosten kann. Dann vor allem: am Freitag, als wir ausrückten, kamen von Euch drei Päckchen mit je 10 Zigaretten an. Das war für mich die Rettung, denn Ihr könnt Euch ja vorstellen, wie Dauerwache ohne genügend Essen ist, da bleibt nur das Rauchen. Aber für heute nochmals tausend Dank und die allerherzlichsten Grüße von Eurem Eskel.

O.U./11.5.1944
Liebe Eltern,
heute Abend erhielt ich mit vielem Dank Euren lieben Brief 84, den ich gleich beantworten will. Unser Aufenthalt hier draußen ist anscheinend mal wieder verlängert worden, über die Rückkehr in die Kaserne ist noch nichts bekannt. Langsam kommt man hier trotz der mehr als beschränkten Zeit wieder dazu, einige Zusatzverpflegung in Gestalt von einigen Eiern zu besorgen. Das ist schon sehr wesentlich. Dazu ist es hier viel ungezwungener, und Ihr wisst ja, dass ich so etwas immer sehr schätze. Mit den Zulassungsmarken ist es inzwischen ja auch geklärt worden. Sie sind im vorigen Brief abgegangen. Hoffentlich bleibt Vatis Musterungsergebnis das gleiche, so dass Vati Dir jedenfalls die wenige Zeit noch bleibt, die er privat zu Hause ist. Das Wetter ist hier in den letzten Tagen ganz auf Sommer umgeschlagen. Die Bäume sind voll belaubt, und der Flieder blüht schon lange. Urlaubs- und Päckchensperre sind immer noch nicht aufgehoben. C'est très triste, muss ich schon sagen. Für heute nochmals tausend Dank und viele herzliche Grüße von Eurem Eskel.

O.U./15.5.1944
Liebe Mutti, zum Muttertag am kommenden Sonntag möchte ich Dir herzlich gratulieren und Dir alles Gute wünschen. Hoffentlich erreicht Dich vor allem dieser Brief rechtzeitig, um Dir meine Grüße zu überbringen. Ich führe jetzt mein Postbuch weiter, da wir inzwischen von

Feldwache zurückgekehrt sind. Eure beiden lieben Briefe 82 und 85 erreichten mich auch hier. Tausend Dank dafür. So, hier ist es endgültig zu Ende. Morgen oder übermorgen werden wir versetzt. Lediglich das Wohin steht noch aus. Waffen und Zusatzbekleidung sind heute schon abgegeben worden. Den Lehrgang habe ich bestanden. Aber wie wir eingesetzt werden, weiß ich leider nicht. Flieger sind wir ja nur dem Namen nach, wir machen ja doch nur Infanteriedienst. Es ist anzunehmen, dass es gegen den Kanal geht, aber man weiß ja nichts eher, als bis man an Ort und Stelle ist. So, für heute Schluss. Es geht hier im Augenblick ziemlich wild her. Also, stoppt bitte sämtliche Post im Augenblick, bis ich Euch die neue Anschrift mitteile. Nur Dir, Mutti, nochmals alles Gute und Euch beiden die herzlichsten Grüße von Eurem Eskel.

O.U./20.5.1944
Liebe Eltern,
wie üblich, hat sich unsere Versetzung mal wieder etwas verzögert. In der Wartezeit von Tag zu Tag schieben wir frei weg Wache und bauen Splittergräben. Einen Trost haben wir immerhin: unsere abgegebenen Sachen haben wir nicht wieder empfangen. Gestern sagte der Spieß zu uns, in der nun kommenden Nacht oder Sonntag früh, wahrscheinlich. Im Übrigen ist auch die Versetzungsliste umgestoßen worden. Ich komme jetzt nach Belgien und noch dazu mit einem netten Kameraden, den ich hier kennengelernt habe. Von dort hoffe ich, wird die Post auch wieder schneller gehen, als von hier, und die gegenseitige Warterei auf Post hört auf. Wartet auch jetzt noch auf die neue Anschrift, die ich Euch hoffentlich bald mitteilen kann. Damals die kurze Feldwache, die wir einnahmen, war von der Kompagnie aus quasi Einsatzübung mit einem Hintergrund. Inzwischen kamen Eure lieben Briefe 86, 87, 88, für die ich Euch recht herzlich danke. Mit dem Geld wartet auch bitte, bis die neue Adresse kommt. Sollte diese jedoch bis ultimo nicht da sein, schickt es an die alte Adresse ab. Dann kommt es zwar zurück, kann aber von Euch dann noch einmal an die neue Adresse abgesandt werden, ohne dass es für mich verlorengeht. Hauptsache, dass es im Mai noch abgeschickt wird. Für die Marken danke ich Euch ebenfalls recht herzlich. Mit Vatis Stellung ist es ja auch nicht gerade berauschend. Hoffentlich bleibt die Reklamation aufrechterhalten. Ein Päckchen Zigaretten muss verlorengegangen sein. Ich habe nur 30 erhalten, die ich Euch ja schon dankend bestätigt habe. Da hat mal wieder jemand Lunte gerochen. Was wir in Belgien machen werden, weiß ich nicht bestimmt. Wahrscheinlich ist es jedoch, dass wir dort

Rekruten ausbilden, denn Einsatzkompagnien liegen dort nur sehr wenige. Mutti Du willst immer so viel vorher wissen, aber leider weiß ich es erst, wenn man da ist, und dann kann man nur die Hälfte davon schreiben. Wir müssen halt bis zum Urlaub warten. Hoffentlich gehen endlich die vertrackten Urlaubs- und Päckchensperren zu Ende. Wie es mit der Invasion wird, weiß ich nicht, ich höre kaum einmal Radio, und als Soldat hat man kaum eine Meinung, und wenn sie kommen sollten, wird man es ja erleben. Hoffentlich schonst Du Dich genügend, Mutti, mit Deinem Bein. Das ist doch nun einmal Deine schwache Seite. Also, nun will ich langsam schließen. Ich schreibe auf Wache, und der Kommandeur kann gleich kommen, dann müssen wir raustreten, und das hat dann ruck-zuck zu gehen. Für Dich, Vati, noch einen guten Rat: Wenn Du Dich unbedingt einsetzen lassen musst, dann nur zur Luftwaffe. Dann kommst Du zu mir als junger Rekrut, Vati und ich werde dann!! Na, das kannst Du Dir ja denken. So, für heute die allerherzlichsten Grüße von Eurem Eskel.

O.U./22.5.1944
Liebe Eltern,
zunächst möchte ich Euch zu Pfingsten die herzlichsten Festgrüße senden und hoffen, dass Ihr das Fest in aller Gemütlichkeit verleben könnt. Ich schreibe diesen Brief noch aus Toul, aber heute Nacht rollen wir endgültig. Wir haben schon Marschverpflegung erhalten. Es geht über Paris nach Brüssel und von dort weiter. Sowie ich angekommen bin, schreibe ich die neue Adresse. Gestern kam Euer lieber Brief 76 vom 18.4. hier an. Das ist die Erklärung für die lange Zeit, die ich ohne Post war. Aber ich hoffe, dass es von Belgien besser geht. Ich bin froh, dass die Warterei hier ein Ende hat. Man hat den ganzen Tag doch nur herumgelungert. Mit Postgeld macht Ihr es dann bitte so, wie ich es im letzten Brief schrieb. Wenn ich meine neue Adresse aus Belgien nicht bis ultimo mitgeteilt habe, sendet das Geld bitte an die alte Adresse nach. Dann kommt es - wie gesagt - zurück. Ihr könnt es aber dann noch einmal an die neue Adresse absenden, und es geht uns für Mai nicht verloren. Päckchenmarken für Mai lege ich bei, aber wartet bitte mit dem Schicken, bis die Sperre aufgehoben ist. So, für heute nochmals die besten Pfingstgrüße und vielen Dank für die liebe Post. Herzliche Grüße Euer Eskel.

O.U./1.6.1944
Liebe Eltern,

heute Abend will ich meinen Bericht von der neuen Heimat fortsetzen. Mit unserer Einrichtung sind wir fertig und haben uns schon recht wohl eingelebt. Der Dienst ist wie immer. Trotzdem wir nun ein Vierteljahr in Toul gewesen sind und geschliffen worden sind, um Ausbilder zu werden, ist es bei dieser Einheit damit schon wieder Essig. Wir beiden sind in einen schweren Zug gesteckt worden und machen dort Ausbildung wie alle anderen. Allerdings, das sind auch keine Rekruten mehr. Wenn man jetzt aber das Fazit von Toul zieht, so war das Ganze umsonst. Man hat aber auch nicht die geringste Vergünstigung davon. Naja, daran muss man sich beim Kommis gewöhnen. Ausgegangen bin ich noch gar nicht. Ich muss erst einmal meine finanzielle Pleite, die noch von Brüssel herrührt, wieder überbrücken. Sonst geht es mir gut. Das Essen ist ordentlich hier. Das Mittagessen bedeutend besser als in Toul und vor allem auch mehr. Das Postgeld ist doch schon unterwegs? Denn die Genüsse Belgiens warten auf mich. So, heute Abend Schluss und tausend herzliche Grüße von Eurem Eskel.

O.U./4.6.1944
Liebe Eltern,
heute am Sonntag will ich wie immer Euer gedenken und Euch einen Grass von mir senden. Langsam haben wir uns hier eingelebt. Der Dienst war ja anders als erwartet, aber es lässt sich durchaus ertragen. Gestern sind wir geimpft worden. Meine linke Schulter tut mir noch scheußlich weh. Na, das ist eine kleine Impfreaktion, die vorübergeht. Ich bin die ganze Woche noch nicht ausgegangen, ganz einfach, da mir die Francs fehlen. Aber in unserer Wohnung kann man es schon ganz gut aushalten. Im Laufe dieser Woche hoffe ich auch, dass unsere Postverbindung wieder hergestellt ist. Bei den jetzigen Bahn- und Postverbindungen muss man ja einige Zeit annehmen. Das Wetter ist in der letzten Zeit ausgezeichnet. In der letzten Woche hatten wir richtige Hundstage. Die Ostsee muss wohl auch langsam so weit sein, dass man baden kann. Nach dem Baden noch Tennis, da habe ich direkt Sehnsucht. Aber die Urlaubssperre setzt vorläufig noch einen Punkt davor. Sonst passiert hier auch nichts von Bedeutung. Hoffentlich lädst Du Dir das Haus nicht so voll, Mutti, dass Du auch mal dazu kommst, den Sommer etwas zu genießen. Ein Mann, der immerhin viel Arbeit machte, fehlt ja. .. leider. Na, in diesem Sinne die herzlichsten Grüße von Eurem Eskel.

O.U./8.6.1944
Liebe Eltern,
so, endlich ist unsere Postverbindung wieder hergestellt. Gestern habe ich Euren lieben langen Brief 93 erhalten. Er ist doch verhältnismäßig kurze Zeit gegangen, trotz der Invasion, die ja nun doch noch angefangen hat. Ich hatte schon gar nicht mehr daran geglaubt. Hätte ich noch in Boyaval gelegen, so hätte die Sache anders für mich ausgesehen. Aber hier ist ja bis jetzt noch nichts los. Unsere schöne Unterkunft haben wir leider verlassen, wir haben mal wieder Feldwache am Rande des Flugplatzes bezogen. Unsere nette Wohnung war mitten auf dem Flugplatzgelände, von hier etwa eine halbe Stunde entfernt. Mit Eurer Vermutung über meinen jetzigen Aufenthalt habt Ihr vorbeigepeilt. Sonst geht es mir danke. Nach der komfortablen Wohnung ist es im Augenblick in dieser Scheune reichlich primitiv, aber das ist im Augenblick ja schließlich völlige Nebensache. Hauptsache, man bleibt heil und gesund. Allzu viel Zeit zum Schreiben habe ich im Augenblick nicht, denn wir schieben ja Dauerwache. Aber wenn es dabei bleibt.. In der Hoffnung, dass auch bei Euch alles wohlauf ist, grüße ich Euch auf das herzlichste und danke Euch noch tausendmal für Euren lieben Brief. Euer Eskel.

O.U./16.6.1944
Liebe Eltern,
heute, am Samstag, frisch geduscht und mit frischer Wäsche ist es gerade die rechte Laune, einen Brief zu schreiben. Gestern erhielt ich mit vielem Dank Euer liebes Päckchen mit den 80 Zigaretten sowie Zeitschriften in Hülle und Fülle. Das war das beste Invasionsabwehrmittel. Also, tausend Dank dafür. Ich glaube, wir müssen uns in unserer Strohscheuer etwas für die Dauer einrichten. Aber solange man noch nichts von der Invasion merkt, ist es alles erträglich. In der kommenden Woche werden wieder eine Reihe von der Kompagnie auf Schule versetzt. Ich habe eine kleine vage Hoffnung, dass ich dabei bin. Aber die Hoffnung ist mehr als kühn. Auf jeden Fall findet die Versetzung trotz der Invasion statt. Na, was sagt man in Deutschland eigentlich dazu? Uns geht es ganz gut hier. Wir schieben unsere Wache, haben dabei eine bessere Verpflegung als sonst, und vor allem die Post rollt wieder hin und her. Dazu haben wir jetzt Radio hier und können jeden Tag die Neuigkeiten hören. Ihr werdet den Kasten ja auch jetzt dauernd laufen haben. Anbei noch zwei Päckchenmarken, die wir heute empfangen

haben. Nun nochmals tausend Dank für die liebe Post und viele herzliche Grüße von Eurem Eskel.

O.U./12.8.1944
Liebe Eltern, also, es scheint zu klappen. Ich werde, wenn nichts Besonderes dazwischenkommt, in dieser Woche am 15. Oder 16. auf die Flugzeugführerschule nach Schwerin versetzt. Das haut noch einmal hin. Von dort lässt sich die Urlaubsfrage hoffentlich auch besser angehen. Also, stoppt bitte sofort jegliche Post. Gestern und heute ist hier wieder ein netter Schwung eingelaufen. Die zweite Zeitschriftenserie mit ca. 30 Zeitschriften, Eure lieben Briefe 94, 94 und 96, das Postgeld für Juni und das Päckchen mit Hefekranz, der - ach, ich weiß gar nicht wie - geschmeckt hat. Die Zulassungsmarken können wir ja jetzt sparen. Hoffentlich brauchen wir sie nicht sobald wieder. Im Übrigen kann ich mich noch nicht lassen vor Freude, so nah' von Niendorf hinzukommen. Wenn alles klargeht, rufe ich von unterwegs an. Na, ich mag noch nicht weiterdenken. Es ist einfach tadellos. Endlich mal wieder eine Möglichkeit, persönlich alles zu erzählen. Sonst ist hier nichts Neues passiert. Bis zu unserer Abberufung werden wir hier in unserer Stellung bleiben. So, einstweilen nochmals tausend Dank für die liebe Post und tausend herzliche Grüße von Eurem Eskel.

O.U./14.8.1944
so, heute Abend muss ich Euch doch endlich schreiben. Aber die beiden vergangenen Tage verliefen nicht ganz so ungetrübt, wie man es für Samstag-Sonntag erwarten sollte. Gestern erhielt ich mit vielem Dank Eure lieben Briefe vom 11. Und 12. Des Monats und heute das Paket und die Seife. Also tausend Dank dafür. Nachdem ich heute Morgen Karo einfach aus der hohlen Hand gegessen habe, kann ich jetzt wieder bon leben. Durch einen Zwischenfall auf unserer Stube ist ein so leidiges Verhältnis zwischen unserem Kapo und unserer Gruppe entstanden, dass es uns das ganze Wochenende verdorben hat. Ich habe dann meinen Mund in keiner Weise gehalten und es ziemlich verdorben, was mir aber wenig macht. Also für heute Abend tausend Dank und viele herzliche Grüße von Eurem Eskel.

Schwerin/16.8.1944
Liebe Eltern,
gestern erhielt ich mit vielem Dank Euren lieben Brief, den ich Euch heute gleich beantworten will. Diesen

Samstag-Sonntag zu kommen, hätte wirklich keinen Zweck gehabt, denn ich werde noch weniger Zeit haben, da ich keinen Nachturlaub bekommen werde. Es herrscht ein Geist hier in unserem Zuge, wie er schlechter nicht geht. Mit dem Fliegen sieht es im Augenblick sehr schwarz aus. Ich nehme an, dass man uns zurückstellt und zur kämpfenden Gruppe abstellt. Man hat schon einige Fluggruppen abgelöst bzw. abgestellt, und da nehme ich an, dass wir Anwärter auch eines Tages soweit sind. Na, bei den Parolen, die darüber herumgehen, will ich lieber keine weiteren Prophezeiungen mehr machen. Man kann es sowieso nicht ändern. Sonst sind keine Neuigkeiten passiert. Meine Schuhkrem ist mal wieder alle. So, für heute Abend Schluss. Die allerherzlichsten Grüße sendet Euch Euer Eskel.

Schwerin/16.8.1944
Liebe Eltern,
gestern Abend in meiner Erregung habe ich natürlich wieder die Hälfte vergessen, Euch zu berichten. Vor
allem nach dem Anruf ist nichts passiert, da er zum Glück nicht über den U.v.D. gegangen ist. Wir arbeiten immer noch auf dem Rollfeld. Am Sonntag war Großkampftag. Aus Schwerin waren Hunderte von Arbeitern gekommen, die an den Trichtern gebaut haben. Heute habe ich mit Hilfe Eures Paketes mal wieder bon gelebt. Es ist doch zu schön, so einen Bissen von zu Haus. Die Biskuitrolle war völlig durchgeweicht, hat aber trotzdem exzellent geschmeckt, wie Dessert. Und dann Weißbrot mit Ei, das tut' auch. Im Übrigen habe ich zweimal an Burmester und an Frl. Knoop geschrieben, so dass ich meiner Briefschulden ziemlich ledig bin. So, nun nochmals den allerherzlichsten Dank für das Paket und herzliche Grüße von Eurem Eskel.

Schwerin/1.9.1944
Meine liebe Mutti,
zu Deinem Geburtstag möchte ich Dir auf das herzlichste gratulieren und Dir alles Gute im kommenden Lebensjahr wünschen. Anlässlich dieses Festes wird der Bridgeclub wohl wieder einmal bei Euch tagen. Na, ich hoffe, die Veranstaltung läuft in aller Gemütlichkeit ab. Gestern Abend hatte ich Vati versprochen anzurufen. Leider ging es nicht, denn ich war gestern magenkrank. Du kennst ja meine Magenkrämpfe. Wahrscheinlich kommt es von einer Erkältung. Jedenfalls habe ich mich gestern Nachmittag schon hingelegt und bin nicht mehr aufgestanden. Diese Nacht ist nun die letzte in unserem Zelt, dann kommen wir wieder in eine Baracke. Das ruhige Leben ist dann vorbei. Einer-

seits ist es doch besser, nicht so eng mit dem Capo, diesem Knilch, zusammenzuleben. Vati hat ja diesen kleinen Piefke nun aus der Nähe betrachten können. Sonst ist nichts Neues passiert. Nun nochmals die allerherzlichsten Glückwünsche und Euch beiden die herzlichsten Grüße von Eurem Eskel.

Schwerin/4.9.1944

Meine lieben Eltern,
gestern erhielt ich Euren lieben Brief vom 1.9., für den ich Euch recht herzlich danke. Mit dem Telefonieren ist es vorläufig nichts, da wir kein Zeug haben, um auszugehen. Wir hausen in Zelten, und man merkt auch nichts davon, dass man sich um andere Unterkünfte bemüht. Man lebt hier einfach trostlos. Ohne Wasser, ohne Licht, Waschen ist Luxus. Gestern Abend habe ich Waschfest gehalten, wobei ich das ganze Register meiner neuen Kulturgegenstände spielen ließ. Es war einfach eine Erbauung. Im Übrigen habe ich Obendorfs und Burmesters schon lange gedankt, zu Eurer Beruhigung. Sonst wird man unter dem Druck der Verhältnisse immer blöder, aber ich sage mir, solange man es noch merkt, ist es noch nicht ganz schlimm, aber immerhin, wir brauchen nicht hungern und frieren. Soweit geht es also noch. Trotzdem wäre ich froh, hier fortzukommen, denn das Leben hier ist so sinnlos, dass es einem schwer auf die Nerven geht. Meine Anschrift ist die alte geblieben. So wie wir wieder einen Ausgehrock haben, rufe ich aus der Stadt an, damit wir uns endlich mal wieder ausklönen können. Noch in dankbarer Erinnerung an das Paket mit den Kulturschätzen sende ich Euch die besten Grüße, Euer Eskel.

Schwerin/7.9.1944

Liebe Eltern,
heute Abend möchte ich Euch noch schnell ein paar Grüße senden und Euch die Gewissheit vermitteln, dass es mir gutgeht. Hier ist alles beim alten, wir schippen den ganzen Tag auf dem Rollfeld. Na, wie war denn die rauschende Geburtstagsfeier? Der Bridgeclub vollzählig vertreten? Mein ganzes Vergnügen besteht zur Zeit nur aus Büchern. Und das ist für mich ja hinreichend, wie Ihr wisst. In der kommenden Woche werden wir aller Voraussicht nach wieder da draußen bei den Flakstellungen hausen. Wenn Ihr dann einen Tag herkommen wollt, könnten wir dort draußen bestens klönen. So, für heute Schluss. Tausend herzliche Grüße sendet Euch Euer Eskel.

Schwerin/9.9.1944

Liebe Eltern,
in aller Eile will ich Euch schnell einige herzliche Grüße senden. Wir sind gerade beim Umzug in unsere alte Flakstellung. Zum Glück werden wir höchstwahrscheinlich am Montag wieder zurückziehen, und zwar in einen Steinbau. Das wäre sehr günstig, denn langsam wird es ungemütlich im Zelt. Mit einem Besuch in der nächsten Woche sieht es demnach auch traurig aus. Ich schreibe am Montag jedenfalls die endgültige Regelung. Gestern erhielt ich mit vielem Dank Euren Brief vom 6.9., für den ich Euch herzlich danke. Zeitschriften und das Express waren noch nicht da, auch noch keine Ankündigung. Na, es wird schon zum Sonntag ankommen, und die Post von heute ist noch nicht da. Dann kann ich nach einer Woche Fasten wieder bon leben. Vorläufig herzlichen Dank und die allerbesten Grüße von Eurem Eskel.

Schwerin/11.9.1944

Meine lieben Eltern,
heute erhielt ich mit vielem Dank Eure beiden Zeitschriftensendungen. Die Berliner soll es ja nach der Verlautbarung noch weiter geben. So, und nun erstmal herzlichen Dank für das Paket, das ich noch eingehend würdigen muss. Aber es war ja mal wieder alles vorhanden. Ich glaube, Puffer mit Schoko-Überzug habe ich seit Quedlinburg nicht mehr gegessen. Die Plätzchen und der Plattenkuchen waren dito exzellent, nur das Verschicken nicht gekochter Eier möchte ich Euch abraten. Trotz Eurer guten Verpackung kam nur 1 Ei heil an, das ich gleich zu einem Zuckerei verarbeitete. Welcher Genuss!! Der Schinken war auch eine Köstlichkeit. Morgen früh ziehen wir endgültig in die Steinbauten. Über den Besuch müssen wir nochmals schreiben. Wenn ich wieder Klamotten habe, werden wir es auf jeden Fall mal einrichten. Es gibt doch so vieles, worüber man sich mal wieder ausklönen möchte. So, für heute Schluss. Nochmals tausend Dank und die besten Grüße von Eurem Eskel.

Schwerin/14.9.1944

Liebe Eltern,
heute Abend hoffe ich mal, ohne Störung schreiben und lesen zu können. Die fast allabendlich auftretenden Störungen sind auf den Tommy zurückzufuhren, der uns in dieser Woche ziemlich häufig beehrte. Noch dazu haben wir Flakzug, so dass es für uns immer eine sehr zeitraubende Angelegenheit ist. Seit dem letzten Brief, den ich Euch bestätigte, habe ich noch keine Post wieder bekommen. Bei Euch sind doch wohl keine Bomben gefallen? Sonst gibt es hier nichts Aufregendes.

Wir bewohnen jetzt eine Stube im Steinbau, haben wieder Spind und Bett. Und das ist viel wert. Ausgehklamotten haben wir immer noch nicht, aber ich habe auch keine Lust wegzugehen, denn durch die ewigen Alarme kommt man so nur kaum zu seinem Schlaf. Ehe ich es vergesse, schickt mir bitte etwas Nähzeug und Streichhölzer. Hier gibt es überhaupt keine zu kaufen. In der nächsten Woche hoffe ich bestimmt, Euch anrufen zu können und grüße Euch bis dahin herzlichst, Euer Eskel.

Schwerin/16.9.1944

Meine lieben Eltern,

gestern erhielt ich Euren lieben Brief vom 13.9., für den ich Euch recht herzlich danke. Ich verstehe nicht, dass meine Briefe immer so lange gehen, während die Euren stets so schnell da sind. Wenn nichts dazwischenkommt, rufe ich Montagabend in der Zeit von 19.00 an. Heute und morgen war es mir zu unbestimmt, ohne Voranmeldung anzurufen, denn ich weiß ja nicht, ob Ihr zu Hause seid. Also Montag! Hier ist sonst nichts Neues. Wir machen Arbeitsdienst wie immer. So, es ist gleich Zapfenstreich. Schluss. Tausend herzliche Grüße sendet Euch Euer Eskel.

Schwerin/24.9.1944

Meine lieben Eltern,

ich wollte ja schon gestern Abend schreiben, aber da durften wir unsere Freizeit mit Revierreinigen verbringen. Also hole ich es heute, am Sonntag, nach. Bei uns ist alles unverändert. Wir haben in dieser Woche ein paar Mal Sport gehabt, das war direkt eine Erholung nach dem eintönigen Schippen. Mir geht es sonst ausgezeichnet. Ich hab zu lesen und noch bestens zu essen. Das Glas mit dem Huhn ist noch nicht einmal angebrochen. Ich werde mir Bratkartoffeln dazu machen. Direkt schlemmerhaft! Wie seid Ihr heimgekommen? Hat es noch mit Zippendorf geklappt? Ich habe wieder zwei Bücher von R. Herzog, die mir kaum Ruhe lassen, und das ist bestens. Meine allerherzlichsten Grüße, Euer Eskel.

Schwerin/27.9.1944

Meine lieben Eltern,

gestern erhielt ich mit vielem Dank Eure beiden Pakete und Euren lieben Brief. Es war alles noch bestens frisch, und auch die Äpfel waren unbeschädigt. Also, nochmals tausend Dank. Ich habe bereits mit vielem Appetit davon genascht. Der edle Pudding und auch die anderen

Sachen sind ja leider alle, aber selbst in der Erinnerung schmecke ich sie noch. Stellt Euch vor, das Huhn war nicht mehr 100% gut. Ich hab es in Salzwasser gebadet und anschließend zwischen Kartoffeln gebraten. Da konnte man es noch essen, aber nach Huhn schmeckte es kaum noch. Man soll Fleisch nur ohne Knochen einwecken, da in diesen etwas Luft steckt, die das Fleisch verdirbt. Sonst ist hier nichts Neues. Das schlechte Wetter hatte bisher den Vorteil, dass wir die Nächte durchschlafen konnten. Also, für heute tausend herzliche Grüße von Eurem Eskel.

Schwerin/29.9.1944
Liebe Eltern,
heute Abend möchte ich Euch recht herzlich für Euren lieben Brief danken, den ich heute Mittag erhielt. Heute, am Vorabend meines einjährigen Militärjubiläums, sollte ich eigentlich erhabene Gedanken in meinem Kopf haben, aber mich fesselt im Moment nur ein Buch von Theodor Kröger. Morgen werde ich auf der Bahn fragen, wie es mit dem Express steht. Das Einschreiben habe ich gestern mit vielem Dank erhalten. Sonst geht es mir weiterhin bestens, was ich auch von Euch hoffe. Nochmals tausend Dank und viele herzliche Grüße von Eurem Eskel.

Schwerin/5.10.1944
Liebe Eltern,
eben habe ich mit vielem Dank Euer liebes Päckchen mit Pudding und Zucker erhalten. Das Kochen kann losgehen. Zeit werden wir genug haben, denn mit Ausgang ist es vorbei. Man darf den Horst nur noch mit Schusswaffe verlassen, und wir haben nicht einmal Gewehre. Wie stehen die Aktien mit der Pistole? Gestern und vorgestern haben wir Kartoffeln für unsere Horstküche geholt. Das war eine tadellose Arbeit. Insgesamt 300 Zentner. Aber gegessen haben wir. Bei den Bauern gab es jedes Mal ein Frühstück! Na, ich hab mal wieder gemerkt, dass die noch Alles hatten. Sonst ist alles beim alten. Nochmals tausend Dank und viele herzliche Grüße von Eurem Eskel.

Schwerin/8.10.1944
Liebe Eltern,
heute erhielt ich mit vielem Dank Muttis Brief vom Freitag. Ich wollte am Freitagabend aus der Stadt anrufen, aber es gab früh Alarm, und

danach hatte das Café, aus dem ich das letzte Mal angerufen hatte, geschlossen. Diese Woche haben wir ja wieder Flakzug. Das ist ein Elend. Sonst gibt es nichts Neues hier. Arbeitsdienst usw. Heute werde ich mal schreiben an Adri, der Geburtstag hat, und an Hans-Jürgen, von dem ich vor ein paar Tagen Post bekommen habe. Mit meiner Verpflegung bin ich diese Woche bestens gelangt, dank der zwei Spritztouren zu den mecklenburgischen Bauern. Diese Woche steigt auch bestimmt das Puddingkochen. Wir haben reichlich Zeit dazu. Einstweilen die allerbesten Grüße von Eurem Eskel.

Schwerin/9.10.1944
Liebe Eltern,
heute kam fahrplanmäßig Euer liebes Paket an, sowie Euer Brief, wofür ich Euch recht herzlich danke. Es ist noch alles bestens frisch. Auf die Würstchen freue ich mich schon mächtig. Die Torte war noch völlig heil und ist gerade richtig durchgezogen. Den Schinkenspeck brauche ich immer für meine Bratkartoffeln. Einfach bestens! Heute ging auch das Paket mit den leeren Sachen ab. Es ist ein Kommisshemd darin, das ich bitte bald wiederhaben möchte. Oma habe ich heute geschrieben. Anneliese noch nicht. Ich muss sagen, ich weiß eigentlich nicht, wie? Heute Abend wollte ich ins Horstkino. Es gab aber während des ersten Aktes Fliegeralarm, und es war mal wieder Essig damit. Könnte ich bei Gelegenheit meine Tennisschuhe mitbekommen? Man braucht hier unbedingt für abends ein Paar Hausschuhe. So, nochmals tausend Dank und viele herzliche Grüße, Euer Eskel.

Schwerin/11.10.1944
Liebe Eltern,
so, ich habe mich aufgerafft und Frau ? und Onkel Harald geschrieben. Allerhand! Gestern erhielt ich Euren Brief vom 8. Und heute den vom 10. Vielen herzlichen Dank. Die Post geht ja in der letzten Zeit prima schnell. Das scheinen die in der letzten Zeit nicht mehr so häufigen Alarme zu bewirken. Es ist auf jeden Fall prima, wenn man so schnell Antwort erhält. Aus Frankreich dauerte es bestimmt 14 Tage, wenn alles gutging. Sonst ist hier nichts Neues geschehen. Wir machen Arbeitsdienst, wie üblich, und freuen uns, wenn wir samstags den Flakzug herum haben. Nochmals vielen Dank und tausend Grüße von Eurem Eskel.

Ludwigslust/15.10.1944
Liebe Eltern,

Ihr werdet sicher schon wieder in Sorge sein wegen der ausbleibenden Post. Aber ein Teil unserer Schule ist nach Ludwigslust verlegt worden. Irgendwelche Veränderungen im Dienst bringt das jedoch nicht mit sich. Wir werden hier wahrscheinlich genauso Arbeitsdienst zu machen haben, wie in Schwerin. Untergebracht sind wir ebenfalls in Steinhäusern. Der Horst hier ist grösser und schöner angelegt, alles im Wald. Vati wird ihn ja wahrscheinlich kennen. Mit Ausgang steht es hier nicht so gut, denn es gibt keine Bahnverbindung mit Ludwigslust. Sonst warte ich erstmal ab, was es hier Besonderes geben wird. Bis dahin grüßt Euch recht herzlich Euer Eskel.
Flugzeugführerschule A 72 - Ausbildungskommando Ludwigslust/Mecklenburg, Fliegerhorst.

Ludwigslust/17.10.1944

Meine lieben Eltern,
zunächst möchte ich Euch recht herzlich zu Eurem Hochzeitstag gratulieren. Hoffentlich kann ich dann, wenn Ihr Silberhochzeit habt, zu Hause sein. Bis jetzt sieht es ja mit Urlaub unverändert trübe aus. Heute erhielt ich Euer liebes Paket aus Schwerin nachgeschickt. Habt tausend Dank dafür. Es ist alles in bester Verfassung und noch frisch. Mein grünes Hemd ist doch tadellos? Ich trage es sehr gerne. Heute haben wir bis Nachmittag um 3.00 im Bett gelegen, denn wir haben Nachtschicht gemacht. Von gestern Abend 18.30 bis heute früh 6.00. Danach waren wir zum Umfallen müde, aber zum Glück war das nur eine Ausnahme. Der Schlaf nachts erquickt doch bedeutend mehr. Um 16.00 war Stubendurchgang, anschließend habe ich mich erfrischt und schreibe nun Euren Brief. Und danach werde ich ein lukulles Abendmahl mit Zuckerei einnehmen. Wir sind jetzt endgültig eingerichtet hier und haben mit 8 Mann eine nette freundliche Stube. Meistens machen wir Arbeitsdienst, wie üblich. Nun nochmals tausend Dank und viele herzliche Grüße von Eurem Eskel. P S. Briefpost ist noch nicht nachgekommen.

Ludwigslust/19.10.1944

Liebe Eltern,
man hat sich anscheinend doch besonnen, die Post aus Schwerin nachzuschicken. Gestern kamen Eure Briefe vom 13. Und 14. Und heute der vom 17. hier an; tausend Dank. Hoffentlich habt Ihr auch inzwischen von mir Nachricht erhalten. Ich schrieb gleich am Sonntag, doch ging der Brief erst am Montag in den Kasten, da vorher unsere Poststelle noch nicht eingerichtet war. Eine Telefonmöglichkeit habe

ich auch noch nicht ausgemacht. Auf jeden Fall können die Briefe jetzt wieder pausenlos rollen. Wir haben uns in Ludwigslust jetzt bestens eingelebt. Wir haben sogar Sprungfederrahmen. Allerhand! Ausgang ist ziemlich beschränkt, jeden Tag nur 15% des Zuges.

Na, mir ist es auch egal. In der Woche laufen hier zwei Filme, und eine Bücherei gibt es hier auch. Da wäre ich also versorgt. Nun nochmals vielen Dank für Eure lieben Briefe und tausend herzliche Grüße von Eurem Eskel.

Ludwigslust/21.10.1944

Meine lieben Eltern,
heute Mittag erhielt ich Eure lieben Briefe vom 18. und 19. Was die Pistole anbelangt, muss ich Euch leider sagen, dass bei der Wehrmacht eine Waffe unter 7,65 mm nicht zählt, und ich daher mit einer 6,35 nichts anfangen kann. Ich selbst finde es sehr schade, denn Ihr könnt Euch ja vorstellen, wie gern ich eine „Zimmerflak" besessen hätte. Mit dem Besuch kann ich Euch auch noch nichts Endgültiges sagen, da wir am 30. Höchstwahrscheinlich schon wieder in Schwerin sein werden. Man rechnet mit Montag-Dienstag kommender Woche. Und bevor ich nichts Endgültiges weiß, möchte ich nichts schreiben, denn ein Freund von mir hatte seine Eltern letzten Samstag hier, als wir nach Ludwigslust verlegt wurden. Dass das eine Riesenpleite für ihn war, kannst Du Dir ja denken. Naja, verwöhnt sind wir ja auch nicht, was Besuch anbelangt. Einstweilen die herzlichsten Grüße von Eurem Eskel.

Ludwigslust/23.10.1944

Liebe Eltern,
heute erhielt ich mit vielem Dank Euer liebes Paket und den Brief vom 21. X. Es hat also mal wieder prima geklappt mit der Post. Nachdem ich Samstag - Sonntag mit roten Wangen herumgelaufen bin, kann jetzt das gute Leben wieder anfangen! Mit dem Besuchen sieht es mal wieder brenzlig aus. Wir haben doch ewig Pech. Über den Rückzug nach Schwerin steht noch kein Datum fest. Lediglich die Tatsache bleibt bestehen. Denn bevor ich nicht weiß, wo ich am kommenden Montag sein werde, kann ich Euch noch nichts Positives sagen. Sobald wir in Schwerin sind, versuche ich anzurufen, aber man weiß ja nie, woran man ist. Nun nochmals tausend Dank und viele herzliche Grüße von Eurem Eskel.

Ludwigslust/26.10.1944

Liebe Eltern,
gestern erhielt ich mit vielem Dank Euren lieben Brief vom 22. Und heute den vom 24. Ihr schreibt immer so schön von Besuchen, und ich muss wieder das Pech haben, dass wir auf Abruf nach Schwerin zurück stehen. Die Übertragung von Himmler haben wir hier in Gemeinschaftssendung gehört. Ich habe dabei auch gleich an Vati gedacht: nun muss er doch noch Soldat spielen. Im Übrigen, was das Besuchen anbelangt, werde ich diese Woche noch abwarten, und dann, Anfang nächster Woche, mal ausgehen, um Euch anzurufen. Halten wir mal für alle Fälle Montag fest. Dann können wir alles Weitere mündlich besprechen. Bis dahin die allerherzlichsten Grüße von Eurem Eskel.

Ludwigslust/30.10.1944
Meine lieben Eltern,
nach unserem gestrigen Gespräch durfte ich ja hoffen, dass die Geburtstagsovationen klappen würden. Und dies war dann auch im besten Sinne der Fall. Das Paket, der Geburtstagsbrief und Vatis Brief waren da. Also, habt tausend heißen Dank dafür. Es war den Umständen entsprechend dann doch ein netter Geburtstag. Von Meyers war auch eine Gratulation da. Frau Kamp und Tante Gertrud werde ich demnächst auch für ihre freundlichen Grüße danken. Morgen kommen wir endgültig nach Schwerin zurück. Wir haben dort die gleiche Adresse wie früher. Dann komme ich auch wieder an meine geliebte Bücherei. Ich werde dann auch gleich versuchen, von dort anzurufen. Nur werden wir wieder Flakzug machen müssen, wie ich befürchte. Ansonsten bin ich heute Gefreiter geworden, von wegen der Anschrift. Nun nochmals allerherzlichsten Dank und viele Grüße von Eurem Eskel.

Schwerin/6.11.1944
Liebe Eltern,
heute Abend erhielt ich Euren lieben Brief, recht herzlichen Dank. Die Bescheinigung habe ich erhalten, ohne dass ich beim Rapport gewesen bin. Das wäre auch nicht möglich gewesen, denn es war über Mittag Fliegeralarm. Anbei nur den Schein. Ob ich den ganzen Tag frei bekomme, weiß ich nicht. Ich gehe deshalb morgen zum Rapport und hole mir Gewissheit. Anschließend will ich Euch anrufen und alles endgültig regeln. Denn wenn es wieder nicht klappen sollte, hat es keinen Zweck. Also, hoffen wir. Bis dahin die allerherzlichsten Grüße von Eurem Eskel.

Schwerin/7.11.1944

Liebe Eltern,

heute hatte ich mich, wie versprochen, zum Rapport gemeldet, Leider endete er mit einer vorläufigen Enttäuschung. Morgen Mittag sind wir schon wieder in Ludwigslust. Es ist doch zu toll; wollen wir uns einmal sehen, und ich habe die Chancen, dass der Urlaub genehmigt wird, kommt todsicher etwas dazwischen. Na, ich werde in Ludwigslust sofort versuchen, die Sache aufzunehmen. Ob es aber diese Woche noch klappt, kann ich nicht behaupten. Wenn, dann rufe ich sofort an! Ich gehe gar nicht gern aus Schwerin fort, wir hatten es hier so schön warm und gemütlich, und vor allem die Verpflegung ist hier bedeutend besser. Das Paket ist auch noch nicht da. Also, bis zur nächsten Nachricht aus Ludwigslust sende ich Euch die allerherzlichsten Grüße, Euer Eskel.

Ludwigslust/9.11.1944

Meine lieben Eltern,

so, ein Tag Ludwigslust liegt hinter uns. Das hat mir wirklich gereicht. Also, unseres Bleibens hier ist nicht von Dauer, eventuell reisen wir am Montag schon wieder nach Schwerin zurück. Also müssen wir unseren Besuch wieder aufschieben. Oh, es ist ein Elend. Hier ist täglich 4:45 Wecken, 5:50 Abmarsch zum Bahnhof. Dann fahren wir mit dem Zug eine halbe Stunde zur Arbeitsstelle, Gegen 9.00 kann dann die Arbeit beginnen. Kochgeschirr wird mitgenommen. Mittags essen wir unter freiem Himmel auf der Erde. Alles kalt. Dann 14:30 Arbeitsschluss, Rückmarsch, hier Ankunft 18.00. Und das jeden Tag. Ich warte mit Schmerzen darauf, dass wir fortkommen von hier. Außerdem sind die Zimmer ungeheizt, so dass man Tag und Nacht friert. Im Übrigen fängt bei den Gruppen das Fliegen wieder an. So, das wäre für heute alles, und nichts Erfreuliches. Sendet die Post bitte nach Schwerin. Herzliche Grüße sendet Euch Euer Eskel.

Schwerin/11.11.1944

Liebe Eltern,

heute Morgen sind wir wieder in Schwerin gelandet. Gott sei Dank! Ludwigslust war ja fürchterlich. Unsere neuen Unterkünfte sind zwar Bruchbuden: aber warm. Und das ist um diese Jahreszeit entscheidend. Bei unserer Ankunft erwartete uns gleich eine freudige Nachricht: Flakzug. Heute Abend waren wir im tollsten Herbstwetter mit Schnee und Regen eine Stunde in den Stellungen. Wir sind zum Eisklumpen gefroren. Das Paket ist heute Mittag auch angekommen. Ich danke

Euch recht herzlich dafür. Es war trotz der langen Zeit noch alles gut und bestens genießbar. So kann ich über Sonntag bestens leben. Mit dem Besuch sieht es diese Woche denn ja wieder traurig aus. Es ist doch ein Jammer. So, heute will ich schließen, denn es gibt gleich Zapfenstreich. Bis morgen die allerherzlichsten Grüße von Eurem Eskel.

Schwerin/12.11.1944
Liebe Eltern,
nachdem ich gestern Abend meinen Bericht wegen des Zapfenstreiches abbrechen musste, möchte ich heute fortfahren. Durch den gestrigen Alarm haben wir wieder eine kostbare Stunde unserer Freizeit verloren. Als wir aber anschließend heimkamen, kochte ich mir ein Ei und aß es zu Weißbrot. Das war wieder eine edle Entschädigung. Wir haben wieder einen Kocher auf der Stube, und da wird natürlich eifrig gekocht und gebraten. Heute Abend mache ich Bratkartoffeln und Pudding. Das wird edel. Den Pudding esse ich morgen früh. Unsere Unterkunft haben wir uns auch einigermaßen gemütlich eingerichtet, es fehlen nur noch einige Sitzgelegenheiten. Aber das kommt auch noch. Wenn wir nun endgültig in Schwerin bleiben, so geht es vielleicht, dass Ihr am Montag, 20.11, hier herkommt, dann ist ja mein Flakzug vorbei. Ich melde mich dann am Freitag zuvor zum Rapport, um die Erlaubnis für einen Tag dienstfrei zu erlangen. Ich glaube doch, dass Ihr auf die Bescheinigung noch eine Fahrkarte bekommt. Wenn nicht, dann hole ich noch eine neue. Hoffentlich klappt es dieses Mal endlich. Wir wandern wie ein Zirkus hin und her, und Euer Besuch muss darunter leiden. Na, hoffen wir auf Montag. Da ich in dieser Woche das Paket erst Samstag bekam, habe ich mir 750 g R Brotmarken von einem Kameraden geliehen. Könnt Ihr mir die gelegentlich mal schicken? Es eilt absolut nicht, und der Freund ist nicht verlegen darum. Hat Vati nicht noch ein paar alte Geschäftsumschläge? Die Ihr mir schicktet, sind die einzigen, die ich noch habe. Da ich gerade meine Wünsche aufschreibe, möchte ich noch fragen, ob Ihr eventuell Haaröl, Hosenträger und ein Spindschloß auftreiben könnt und ein paar Hefte Streichhölzer. So, nun war ich mal wieder sehr unbescheiden. Schon voraus tausend Dank und viele herzliche Grüße von Eurem Eskel.

Schwerin/15.11.1944
Liebe Eltern,
heute erhielt ich mit vielem Dank Euren lieben Brief vom 12. d. Monats. Es hat ja dieses Mal recht lange gedauert, und ich hatte mich schon gewundert, dass keine Post von Euch kam. Hoffentlich trifft Eure Ant-

wort auf meine Briefe von Samstag und Sonntag bald ein, dass es mit unserem Besuch in der nächsten Woche klappen kann.

Sonst ist hier der alte Trott. Arbeitsdienst. Das Wetter ist miserabel. Schnee und Regen, so dass das Zeug ewig nass ist. Meine Wintersachen tun mir ja jetzt so gut, ich kann Euch gar nicht sagen, wie. Fliegeralarm - Sch.... So, der Alarm wäre beendet. Ich koche gerade meinen Pudding mit dem letzten Pulver, das ich habe, und will diesen Brief abschließen. Schickt mir bitte wieder etwas Pulver und Seife, wenn Ihr könnt. Viele herzliche Grüße sendet Euch Euer Eskel

Schwerin/17.11.1944

Liebe Eltern,

heute erhielt ich mit vielem Dank Euer liebes Paket und den Brief mit der Zeitschrift und den Umschlägen. Nochmals tausend Dank für alles. Heute Morgen hatte ich nichts gegessen, so dass heute Mittag der richtige Appetit da war. Mit unserem Besuch wird es hoffentlich klappen. Ruft bitte erst am Montagnachmittag an; ich hinterlasse Bescheid beim U.v.D. Ich kann nämlich erst Montag über Mittag zum Rapport kommen. Der Spieß ist zwar zurück, aber ich hoffe trotzdem. Es wäre doch zu herrlich, wenn wir einen ganzen Tag zusammen in aller Ruhe verbringen könnten. Nochmals heißen Dank und die allerherzlichsten Grüße sendet Euch Euer Eskel.

Schwerin/18.11.1944

Liebe Eltern,

nach glücklich beendeter Zirkusvorstellung möchte ich an Euch folgende Zeilen richten: Zunächst danke ich Euch recht herzlich für die Zeitschrift und den Brief, die nicht nachgingen. Von Frau Burmester erhielt ich heute auch Post; ich glaube, der Brief ist in Gemeinschaftsarbeit mit Vati entstanden. Über unserer Zusammenkunft am Dienstag scheint ein Schwert zu schweben, das das wieder verhindern will. Heute Mittag 12.30 erhielten wir Befehl zu packen, wir sollten zum Arbeitseinsatz nach dem Westen. Auf dem Bahnhof warteten wir mit Gepäck schon auf den Zug, als wir zurückgerufen wurden. Einstweilen! Wenn ich doch noch fortkommen sollte, schreibe ich noch ein kurzes Zeichen, denn von dort wird die Post ja ewig dauern. Andernfalls bleibt es bei Eurem Besuch, wie ich hoffe. Der Erfolg der Sache ist, dass wir heute keinen Ausgang haben und zwei Tage von heutiger Verpflegung leben müssen. Dem werde ich persönlich abhelfen. Einstweilen die herzlichsten Grüße von Eurem Eskel.

Schwerin/22.11.1944

Liebe Eltern,

gestern Abend bin ich gut mit allen Vorräten im Horst gelandet. Heute Morgen trat dann aber eine Überraschung ein, an die ich selbst nicht mehr geglaubt hatte; heute geht es scheinbar endgültig nach dem Westen zum Schippen. Ich versuchte noch, den Bahnhof anzurufen, aber die hatten ihre Dienststelle noch nicht auf. Deshalb schreibe ich sofort und hoffe, dass der Brief noch heute fortgeht. Mit meinen Klamotten ist es ja auch so eine Sache. Schickt sie bitte per Einschreiben nach Schwerin. Das Kommando soll nur kurz sein, und dann habe ich die Sachen hier, wenn ich wiederkomme. Essbares schickt bitte nicht ab, denn die Post wird entweder hier liegen oder ewig dauern. Und zu essen habe ich dank Eures Paketes und der Delikatessen von gestern noch reichlich. Den Topf und die übrigen Emballagen, die ich nicht unbedingt benötige, lasse ich hier zurück. Ich nehme überhaupt nur das Allernötigste mit, denn ich habe keine Lust, den Kram noch einmal einzubüßen, oder mich damit tot zu schleppen. Mein Essbares nimmt sowieso den größten Platz ein. Aber darüber bin ich nur froh. Das Packen ist auch schon fast erledigt, mir fehlt nur noch die Marschportion. Zu Eurer Beruhigung habe ich Meyers auch gleich geschrieben. Wir haben wirklich Glück gehabt, dass Ihr gestern noch hier gewesen seid. Einen Tag später, und die ganze Geschichte wäre mal wieder Essig gewesen. Nur mit der Post sehe ich schwarz. Sorgt Euch nicht allzu sehr, ich schreibe so oft als möglich, und wenn es lange, ja, sehr lange, dauert, liegt es an der Post. So, nun danke ich Euch nochmals recht, recht herzlich und sende Euch die allerbesten Grüße, Euer Eskel.

Festung Dömitz/23.11.1944

Liebe Eltern,

auf der Durchfahrt nach Munster Lager möchte ich Euch noch einen recht herzlichen Gruß senden und Euch unser vorläufiges Fahrtziel bekanntgeben. Macht Euch bitte noch keine unnützen Sorgen und Ängste, ich berichte laufend über alles. Was weiter mit uns wird, weiß ich jetzt ja auch noch nicht. Nun nochmals tausend innige Grüße von Eurem Eskel.

Munster Lager/24.11.1944

Liebe Eltern,

nach einer durchfahrenen Nacht sind wir am Bahnhof gelandet. Die Verspätung war abenteuerlich. 12 Stunden auf der kurzen Strecke. Wo wir hinkommen, wissen wir auch nicht. Es ist möglich, dass wir sofort wieder zu einem anderen Truppenteil kommen, da hier nur Auffang ist. Wir selbst waren noch nicht dort, lediglich unser Transportführer. Herzliche Grüße von Eurem Eskel.

Munster Lager/24.11.1944

Liebe Eltern,

ich sitze heute Abend in der Kantine und will Euch jetzt der Reihe nach berichten. Nachdem Vati am Donnerstag gegangen war, ging alles ziemlich schnell. Wir mussten schon um 19.30 heraustreten, und um 13.05 Uhr ging unser Zug Richtung Ludwigslust. Von dort hatten wir sofort Anschluss nach Dömitz. Dann allerdings setzte die Bummelei ein. Der Zug hatte ca. 3 Stunden Verspätung, und wir schlugen die Zeit im Warteraum tot. Als es zu trostlos wurde, beschloss ich, einen Tröster herauszurücken, und wir haben dann zu dritt den Portwein ausgetrunken. Das hat uns dann einigermaßen bei Stimmung gehalten die Nacht hindurch. Nachdem ich wer weiß wie lange keinen Alkohol mehr getrunken hatte, mundete mir der Douro einfach köstlich. Er ist ja super. So etwas Edles. Ebenso ging es meinen beiden Freunden. Es ist überhaupt ein Segen, dass wir zu dritt so gut Kameradschaft halten, das tröstet uns über alles hinweg. Es ist überhaupt für mich leichter, unter Kameraden über das Verlorene hinwegzukommen, als für Euch zu Hause. Aber vorerst ist es ja noch nicht soweit. Also weiter: von Dömitz ging es nach Lüneburg. Von dort nach ewiger Warterei und dem vergeblichen Versuch, in einem SFR Zug mitzukommen, ging es noch bis nach Ülzen. Dort haben wir dann übernachtet. Das heißt, mit dem Kopf auf der Tischkante, denn Betten waren nicht mehr frei. Um 6.00 fuhren wir dann mit leicht verrenkten Gliedern bis nach hier. Unsere Unteroffiziere machten noch einen letzten Versuch für uns alle, bei der Luftwaffe zu bleiben, aber leider vergeblich, man wollte uns nicht haben. Wir hatten inzwischen im Wartesaal gefrühstückt, und nach ihrer Rückkehr ging es ins Lager. Dann ging die Sache ziemlich kurz und schmerzlos. Wir legten unser Gepäck ab, gingen zur Schreibstube, gaben dort unsere Personalien an und wurden anschließend von einem Oberstleutnant gemustert. Nach unserer Ausbildung kam nichts anderes in Frage als Infanterie, die Krone aller Waffen. Aber auch unsere Capos, die zum Teil lange Zeit bei der Flak gewesen sind, kommen mit uns. Nachdem dies erledigt war, wurden uns unsere Soldbücher abgenommen und der Vermerk eingetragen: heute soundso vom Heer übernommen. Wir tragen unsere alte Uniform nur noch als Gast. Wir sind einem Bataillon zugeteilt worden, das aufgestellt wird. Sobald der Ort feststeht, werden wir dorthin in Marsch gesetzt. Unsere Unterkunft ist einfach phänomenal. Ganz schlicht und einfach: ein Pferdestall mit Strohschütten. Immerhin ein kleiner Unterschied von Schwerin. Unsere Stimmung ganz allgemein wurde dadurch nicht verbessert. Die Luftwaffe ist einfach feudal gegen diesen Club. Es ist nur gut, dass es sehr bald, vielleicht schon morgen, weitergeht, denn das Nichtstun ist uns im Augenblick nicht gerade förderlich. Druck, ich muss es sagen, wäre das einzig Richtige. Man kommt auf andere Gedanken und bekommt noch nötige Ausbildung dazu. Außerdem muss ein anderer Geist in die Truppe. Nach unserem ewigen Arbeitsdienst in Schwerin ist es nicht allzu besonders damit bestellt. Von mir selbst kann ich nur sagen, dass mich das Zusammensein mit meinen beiden Freunden tröstet und vor allem der Gedanke an Euch, dass Ihr zu Hause seid und an mich denkt, das ist mir genug. So, nun will ich langsam meine Epistel schließen. Zuvor möchte ich Euch nochmals herzlich für alles danken, was Vati mir am Donnerstag gebracht hat. Sagt auch bitte Obendorfs meinen herzlichsten Dank. Sobald etwas Neues hier passiert, schreibe ich Euch natürlich sofort. Bis dahin grüße ich Euch auf das innigste und wünsche Euch alles Gute. Euer Eskel.

Oldenburg/26.11.1944

Liebe Eltern,
gestern Abend sind wir in Oldenburg angekommen, und da will ich gleich meinen Bericht von der Infanterie fortsetzen. Von Munster Lager war die Verbindung bestens. Der Zug führ durch, über Bremen nach Oldenburg. Die Stadt ist recht nett. Vor allem, sie ist noch fast heil. Wir liegen hier bis zu unserer Versetzung in einer guten Kaserne. 7 Mann in einer Stube mit Heizung und Doppelfenstern. Direkt komfortabel. Verpflegung war bisher auch gut. Aber noch habe ich ja einige Vorräte dank Eurer lieben Vorsorge. Die erste Überraschung war, dass man uns heute, am Sonntag, bis 8.30 schlafen ließ. Anschließend Parole, dann Pause bis zum Mittag und anschließend Ausgang bis 22.00. Wir waren das überhaupt nicht gewöhnt. Nach dem Arbeitsdienst ist es die reine Erholung. Der Spieß ist ein tadelloser Kerl. Der erste, der nicht schreit. Er war allerdings bereits an der Front. Irgendwie eingeteilt hat man uns noch nicht. Vielleicht wartet man damit, bis alle Leute hier sind. Nur mit der Post ist es bisher noch schlecht. Wir haben keine

Anschrift, so dass Ihr mir leider keine Post senden könnt. Und eine Privatanschrift anzuschaffen, lohnt sich nicht, da wir hier wahrscheinlich nicht alt werden. Man hat uns übrigens eine Anschrift in baldige Aussicht gestellt. Mit den Päckchen zu Weihnachten wird es also dieses Jahr nicht klappen. Ich glaube, das kann ich auch verschmerzen, denn ich habe ja während der Zeit in Deutschland so viel von Euch bekommen. Sonst kann ich wirklich noch über nichts klagen. Es geht mir gut, und wir drei sind wohlauf zusammen. Nun nochmals tausend herzliche Grüße von Eurem Eskel.

Oldenburg/28.11.1944
Oldenburg
Liebe Eltern,
so äußerlich wären wir jetzt Infanteristen. Heute Nachmittag hat man uns in grüne Uniformen gesteckt. Ich muss sagen, ich komme mir ganz unwirklich vor. Ich weiß nicht wie. Unsere Mäntel hat man uns gelassen. Jetzt laufen wir also halb Infanterie, halb Luftwaffe herum. Ich glaube, sie wollen uns so hinausschicken. Der Dienstbetrieb ist immer noch recht lässig. Eine Stunde später Wecken, als in Schwerin. Und am Tage warten wir die meiste Zeit. Ich bin froh, wenn das zu Ende ist. Die Warterei macht auf die Dauer unlustig. Sonst wissen wir noch nichts. Wir vermuten nur, dass es bald fortgeht. Es grüßt Euch auf das herzlichste Euer Eskel.

Oldenburg/1.12.1944
Meine lieben Eltern,
nachdem ich die meisten Abende hier ausgegangen bin, freue ich mich darauf, einen Abend zu Hause zu bleiben, um mit Euch zu plaudern. Es ist hier für das 6. Kriegsjahr noch recht viel Betrieb. Das mag auch zum großen Teil daher rühren, dass die Stadt trotz ihrer Lage noch keine Angriffe erlebt hat. Wir haben täglich mehrfach Alarm, was zum Teil recht lästig ist. Zum Glück sind wir nachts erst einmal in unserer Ruhe gestört worden. Heute sind wir restlos eingekleidet worden. Nur unsere alten Mäntel haben wir behalten. Ich bin ganz froh darüber, denn unsere Mäntel sind ja tadellos lang, während die Infanterie ja ein ziemlich kurzes Kaliber bevorzugt. Wenn ich jetzt meine Ausrüstung besehe und die, mit der ich voriges Jahr um diese Zeit nach Boyaval zog, so komme ich mir ziemlich arm vor. Das muss sich ja dann auch erst zeigen, ob diese Unbeschwertheit so wertvoll ist. Waffen werden wir auch in der nächsten Zeit bekommen, und dann wird es wohl mit

unserem Aufenthalt hier vorbei sein. Ich finde, es ist nur so schade, dass wir hier keine Anschrift haben, so dass wir keine Post wechseln konnten. Ich werde auch versuchen, noch einmal von hier anzurufen. Ich sehe jedoch schwarz wegen des häufigen Alarms. Der Dienstbetrieb ist sonst ruhig. Etwas Ausbildung und sonst eben nur die Vorbereitungen, die eben nötig sind. Heute sind wir geimpft und auf Blutgruppen untersucht worden. Bis auf bald grüße ich Euch herzlichst, Euer Eskel.

Oldenburg/4.12.1944

Meine lieben Eltern,
anscheinend soll es morgen fortgehen, und da will ich noch vor allem Dir, lieber Vati, zu Deinem Geburtstag gratulieren. Wir sind ja völlig im Unklaren über das Ziel unserer Reise, wir wissen nicht einmal, ob es morgen fortgeht, und ob es auf einen Truppenübungsplatz oder sonst wohin geht. Und wenn wir erst einmal auf dem Transport sind, dann kann es lange dauern, bis man mal wieder Gelegenheit findet zu schreiben. So einfach einen Brief einwerfen, ist schwer verboten. Wir sind noch einmal dringend darüber belehrt worden, dass das Einwerfen von Post Kriegsgerichtsstrafe nach sich zieht. Also, wenn jetzt eine längere Zeit keine Post von mir eintreffen sollte, seid bitte nicht unruhig. Ihr wisst ja, dass ich schreibe, sowie ich Gelegenheit dazu habe. Im Übrigen werde ich versuchen, noch vor unserer Abfahrt noch einmal einen kurzen Gruß zu senden. Hier ist unsere Zeit selten ruhig verlaufen. Soviel Freizeit habe ich noch nie beim Kommiss gehabt. Der Dienst war ebenfalls sehr ruhig. Nach Schwerin war es die reine Erholung für uns. Immer ausgeschlafen, früh Dienstschluss und jeden Tag Ausgang. Wenn man nicht wüsste, dass es nur eine kurze Ruhepause ist, könnte man es ewig aushalten. So, nun hoffe ich, dass es auch Euch recht gut geht und Ihr Vatis Geburtstag in aller Gemütlichkeit begehen könnt. So, nun wünsche ich Euch nochmals alles Gute und Dir, lieber Vati, besonders. Die allerherzlichsten Grüsse sendet Euch Euer Eskel.

O.U./9.12.1944

Meine lieben Eltern,
jetzt haben wir endlich eine Feldpostnummer erhalten, und da will ich Euch gleich berichten, wie es mir seit meiner Abfahrt aus Oldenburg ergangen ist. Von unterwegs ein Lebenszeichen zu senden, war unmöglich, da wir schon in der ersten Nacht über die Grenze waren. Am

Tage lagen wir den ganzen Tag still wegen der Tieffliegergefahr. Die zweite Nacht fuhren wir dann weiter. Wie das so mit dem Transportzug geht, könnt Ihr Euch ja denken. Es gibt immer mehr Aufenthalt als Fahrtzeit. Die Bahnhöfe hier in Holland sind auch ganz schön mitgenommen vom Tommy. Wir haben Glück gehabt, denn uns hat niemand belästigt. Das Schlafen im Waggon war auch mit Schwierigkeit verbunden. Wir lagen mit 44 Mann dort, und wenn man die Absicht hatte zu pennen, dann hielt man es nicht allzu lange aus, denn wir mussten fast übereinander liegen. Den zweiten Tag lagen wir auch still, und in der dritten Nacht erreichten wir endlich unser Ziel. Morgens noch bei Dunkelheit wurden wir ausgeladen und kamen zur Division. Abends ging es dann weiter zum Regiment. Dieser Marsch zu Fuß mit allem Gepäck war elend. Es war stockdunkel, dazu regnete es laufend, und die Müdigkeit von der Bahnfahrt steckte uns noch in den Gliedern. Am liebsten wäre ich beim Marsch eingeschlafen. Wir wurden dann einer schweren Kompagnie zugeteilt, die im Augenblick in Ruhe liegt. Überhaupt ist die Front hier sehr ruhig. Die Überschwemmung verhindert hier große Bewegungen. Außer etwas Artilleriefeuer haben wir noch nichts gemerkt. Gestern Abend mussten wir in einer Scheune übernachten. Wir haben uns tief ins Stroh gewühlt, so dass wir nicht gefroren haben. Der ruhige Schlaf, ohne das Geratter des Eisenbahnwaggons und die Enge dort haben uns wohlgetan. Heute Morgen wurden wir dann in andere Quartiere gelegt. Wir drei wohnen bei einem Bauern, schlafen im geheizten Wohnzimmer und führen bisher ein Leben wie Gott in Frankreich. Als wir heute Morgen, besser gesagt, Vormittag, hier ankamen, machte uns die Bäuerin erst einmal eine Tasse heißen Kaffee mit Zucker und guter Milch. Dann haben wir erst einmal gut gefrühstückt. Anschließend war auch Zeit zum Mittagessen, und wir gingen ins Dorf. Es gab einen Eintopf mit so viel Fleisch wie wir in Schwerin die ganze Woche nicht gesehen haben. Als ich den Liter aufgegessen hatte, war ich so redlich satt, dass ich jetzt, und es ist inzwischen 17.00 geworden, noch keinen Hunger verspüre. Anschließend holten wir uns kalte Verpflegung ab, die ebenfalls bestens ist. Man bekommt so ungefähr das Doppelte wie in Oldenburg. Dazu gibt es am Tag 8 Zigaretten zur Verpflegung. Überhaupt gefällt mir die Sache recht gut. Heute Morgen, als wir vor der Schreibstube standen, kam der Spieß heraus und fragte uns, ob wir ein paar Äpfel haben wollten. Alles brüllte natürlich ja", und da ließ der gute Mann eine ganze Kiste unter uns verteilen. Ja, das ist ein Leben! Privatquartier, viel und gut zu essen, viel Zeit für sich selbst und so die Gemütlichkeit. Na, Ihr wisst ja, wie ich das schätze. Das Schönste dabei ist, dass wir drei

Kumpels zusammen geblieben sind. Die Einteilungen haben wir glänzend überstanden und viel Glück dabei gehabt. Als wir drei heute unser Quartier hatten, da schwammen wir fast in Seligkeit. Nun, ich hoffe, dass die Post nicht ewig dauert und wir unseren fernmündlichen Verkehr bald wieder in vollem Gange haben. Nun danke ich Euch nochmals für das Paket und grüße Euch aller herzlichst, Euer Eskel

O.U./11.12.1944
Meine lieben Eltern,
heute, an Vatis Geburtstag, möchte ich Eurer besonders gedenken. Leider war es nicht möglich, dass ich Dir, lieber Vati, schon bis heute ein Lebenszeichen von hier habe senden können, denn mein Brief vom 9.12. wird ja unmöglich schon da sein können. Ich hoffe aber auf jeden Fall, dass der Brief aus Oldenburg zur Zeit angekommen ist. Da ich überhaupt noch nicht weiß, wie lange die Post bis zu Euch geht, möchte ich Euch schon jetzt eine frohe Weihnacht wünschen. Wir haben die Aussicht, unser Quartier noch länger zu behalten, und da könnt Ihr auch darüber beruhigt sein, dass ich das Fest nett verleben werde. Hoffentlich ist bis dahin Post von Euch da, dann wäre ich restlos zufrieden. Ich komme jetzt gerade von Wache zurück. Wir saßen als Flugmelder 24 Stunden auf einem Wasserturm oben. Besonders heute Nacht war es lausig kalt dort oben. Da fühle ich mich jetzt doppelt wohl im geheizten Zimmer. Wir haben wirklich ein seltenes Glück mit unserer Unterkunft gehabt. Nur, dass es hier kein Licht und kein Wasser mehr gibt, sonst wäre es ein Paradies, fast. Der Dienstbetrieb ist ebenfalls tadellos.
Morgens von 9.00 - 11.30 und nachmittags von 14.00 - 16.30. Das heißt, dass wir jeden Tag ausgeschlafen aufstehen können. Der Dienst bringt für uns wichtige Ergänzungen für unsere Ausbildung. Außerdem werden wir wahrscheinlich auf einen kurzfristigen Lehrgang kommen, der hier in der Nähe läuft. Unsere Verpflegung ist nach wie vor bestens. Man ist zu jeder Zeit immer satt. Dazu kommen noch die mitgebrachten Vorräte von Euch, da kommt es mitunter vor, dass ich nicht weiß, was ich zuerst essen soll. Ihr seht also, ich habe mal wieder Glück gehabt bei allem. Hoffentlich könnt Ihr Weihnachten in aller Gemütlichkeit feiern, das wünscht Euch von Herzen Euer Eskel.

O.U./15.12.19444
Liebe Eltern,
solange das Tageslicht noch reicht, möchte ich Euch noch schnell einen Brief schreiben. Wir haben uns hier in der neuen Kompagnie ein-

gelebt und sind so langsam in den Dienstbetrieb hineingewachsen und haben uns daran gewöhnt. Die Wache, die wir stehen müssen, ist erträglich. Sonst ist der Dienst nach wie vor ruhig. Wir liegen immer noch im Ort, nur haben wir leider unser Quartier wechseln müssen. Das war wieder einmal so ein unbezahlbarer Einfall von so einem. Aber sonst geht es danke. Unsere alte Wirtin machte uns zum Abschied noch ein Dutzend Kartoffelpuffer pro Kopf. Die werden wir noch manchmal besuchen. Die Holländer sind überhaupt recht freundlich uns gegenüber. Milch kann man überall haben, und das ist für uns schon viel wert. So, für heute will ich schließen, indem ich Euch auf das allerherzlichste grüße. Euer Eskel.

O.U./17.12.1944
Meine lieben Eltern,
heute, am Sonntagnachmittag, will ich die Gelegenheit wahrnehmen, um meine Post aufzuarbeiten. Ich fahre morgen auf Panzernahkampflehrgang. Das wird ungefähr eine Woche dauern. Der Lehrgang findet ungefähr 25 km von hier statt, und ob ich von dort schreiben kann, weiß ich nicht. Beim letzten Brief vom 15. hab ich wieder die Nummer vergessen. Ich habe mich noch nicht daran gewöhnt. Sonst geht hier alles seinen Gang. Der Dienst ist meistens nur Beschäftigungstheorie. Heute Nacht und auch am Tage gingen hier etliche Geschosse über uns hinweg. Wegen der schlechten Sicht konnten wir leider die Apparate nicht sehen. Eben kommen die Kameraden zurück, die in dieser Woche auf Lehrgang waren und berichten, dass einige aus Schwerin schon in der H.K.L. (Hauptkampflinie, Anmerkung des Herausgebers) waren. Da haben wir bis jetzt großes Glück gehabt. Ich will nur hoffen, dass wir Weihnachten noch hier sind, das wäre bestens. Meine Haare habe ich mir auch kappen lassen. Ihr würdet Eure Freude an der Kürze haben. Ich sehe ein, dass ich keine langen Haare hier gebrauchen kann. Die Schrift ist leider miserabel, aber in unserer neuen Bude gibt es keinen Tisch oder Stuhl. Also muss man schon auf den Knien schreiben. Ich glaube beinahe, dass dieses der letzte Brief wird, der Euch eventuell dieses Jahr noch erreicht. Ich wünsche Euch deshalb zum Neuen Jahr alles Gute und hoffe vor allem, dass es die Entscheidung bringt. Ich glaube, dass es jetzt bald losgeht. Was unsere Aufgabe dabei sein wird, davon haben wir keine Ahnung. So, im alten Jahr nochmals alles Gute, auch für das Neue wünscht Euch Euer Eskel.

O.U./22.12.1944
Meine lieben Eltern,

heute ist Lehrgangsschluss, wir haben gerade die letzte Arbeitsstunde. Meine Ausarbeitungen sind fertig. Und da will ich Euch gleich einen Brief schreiben, den ich allerdings erst bei der Kompagnie einstecken werde. Am Montag sind wir morgens schon um 4.00 aufgestanden, und um 5.00 sind wir dann zu sieben Mann losgezogen. Marschlänge 25 km. Das war immerhin etwas. Bis zum Hellwerden marschierten wir durch und hatten dann ungefähr die Hälfte hinter uns gebracht. Nach einer Zigarettenpause ging es weiter bis ungefähr 5 km vor unserem Ziel. Dort beehrten wir einen Holländer mit unserem Besuch, luden uns in seine gute Stube ein und ließen uns einen Kaffee machen. Es war etwa 10.00, und wir hatten einen mächtigen Hunger, so dass wir unsere mitgeführten Esswaren vertilgten. Nach zweistündiger Rast kurz vorm Einschlafen am warmen Ofen, fassten wir den Entschluss, den Rest zu machen. Fortuna war uns diesmal hold, und wir erwischten einen L.K.W. der uns mitnahm. Das war immerhin ein Erfolg. Unser Quartier ist eine alte Schule, natürlich geräumt, und wir schlafen dort auf Heu. Licht gibt es nicht, das ist immer das Betrüblichste hier. Deshalb war unsere Zeit am Tage restlos ausgefüllt mit Ausarbeitungen. Ich habe in den drei vergangenen Tagen 30 Seiten in einem normalen Schulheft über Panzernahkampf ausgearbeitet. Ich kann Euch sagen, es hat mir richtig Spaß gemacht. Während des Unterrichts musste man aufpassen und mitschreiben, und abends von 15.30 - 16.30 war Arbeitsstunde zur schriftlichen Ausarbeitung. Mit so viel Fleiß habe ich früher kaum meine Chemie- und Physik-Hefte geführt. Von Biologie brauchen wir ja nicht erst reden. Mit der Panzerfaust habe ich auch einmal geschossen. Scharf natürlich, auf ein aufgestelltes Ziel. Das Ding hat Wirkung, daran ist kein Zweifel. Aber dem Schützen macht es nichts. Es knallt natürlich, und das ist alles. Wenn Vati beim Volkssturm so ein Ding in die Hand kriegt, so ein Ding ist bei richtiger Behandlung völlig harmlos. Eine große Freude für uns alle ist gewiss der Vormarsch im Westen. Man fühlt sich wieder freier und kann wieder etwas mehr Zuversicht haben. Hier fliegen die Geschosse auch laufend vorbei. Heute habe ich eine ziemlich tief gesehen. Es ist genau so, wie sie in der Wochenschau gezeigt wurden. Das macht jedes Mal ein gehöriges Brummen, wenn die Apparate daherfliegen. Die Holländer haben schwer Angst davor. Die feindliche Lufttätigkeit hat in den letzten Tagen hier nachgelassen, wohl in Folge unserer Offensive. So können wir in diesem Jahr mit Zuversicht ins neue Jahr blicken, und ich grüße Euch in diesem Sinne herzlichst, Euer Eskel.

O.U./24.12.1944

Meine lieben Eltern,

ich habe noch keine Gelegenheit gehabt, den Brief vom 22. abzusenden, und da will ich heute noch gleich ein paar Zeilen anfügen. Am Freitag wurde unser Lehrgang ganz plötzlich beendet. Zum Glück sind wir nur um die Besichtigung gekommen, der Stoff war durchgenommen. Der Grund war unsere Verlegung. Wir befinden uns jedoch noch in der alten Lage in Ruhe. Wir haben nur den Ort gewechselt. Na, auf jeden Fall mussten wir am Freitagabend gegen 20.00 aus dem Lehrgangsort abrücken. Nachdem wir 10 km durch die Dunkelheit getippelt waren, beschlossen wir, da es noch weitere 13 km waren, erstmal ein Nachtlager zu suchen. Unser zweiter Versuch war auch von Erfolg gekrönt. Wir klopften einen Bauern weich und luden uns in seine Wohnstube ein. Nach einigem Zögern schickte er sich ins Unvermeidliche und war auch recht freundlich. Mit unseren Mänteln und Decken machten wir es uns bequem und verbrachten eine recht erquickende Nacht. Als der Bauer uns am nächsten Morgen ein Frühstück anbot, da sagte ich für meine Person auf jeden Fall nicht nein, da ich kein Brot mehr hatte. Brot ist nicht etwa knapp, ich hatte bereits mit einer solchen Möglichkeit gerechnet. Gut gestärkt machten wir uns dann auf den Marsch. Nachdem wir 25 km mit Gepäck geschafft hatten, waren wir endlich am Ziel. Die Unterkunft unseres Zuges besteht aus einer Scheune, aber wir sind ja mit vielen Kameraden, da macht das wenig. Heute haben wir zusätzliche Winterbekleidung empfangen. Ich habe auch eine Pelzweste, Pelzhandschuhe, wattierte Unterwäsche bekommen. Das war immerhin etwas zu Weihnachten. Ja, heute ist Heiligabend, und dann Weihnachten. Aber Ihr könnt ja denken, wie das so beim Kommiss aussieht. Wir können nur hoffen, dass wir alle drei das nächste Jahr dieses Fest gemeinsam feiern können. Aber bis jetzt geht es uns allen gut, und da können wir nicht klagen, sondern müssen uns trösten und bis zum nächsten Jahre warten. So sende ich Euch heute nochmals die herzlichsten Weihnachtsgrüße, Euer Eskel.

O.U./27.12.1944
Meine lieben Eltern,
Weihnachten ist nun vorüber, und wir haben das große Glück gehabt, es noch in Ruhe verleben zu dürfen. Wir liegen noch in unserer Scheune, schlafen morgens so lange, bis wir nicht mehr mögen, frühstücken dann kurz, und die Vormittagsbeschäftigung ist dann entweder Waffenreinigen, oder wir gehen aufs Eis zum Glitschen. Heute Morgen habe ich die Sache abgebrochen, denn ich bin zur Abwechslung mal hin gekippt, und mein Kopf ist etwas durcheinandergeraten. Nach dem

Mittag, das auch immer ziemlich spät eintrifft, ist ein kurzes Mittagschläfchen an der Reihe. Ein Skat am Nachmittag oder eine Partie Mühle ist dann an der Reihe. Ihr seht, wir führen ein fürstliches Leben im Augenblick. Mit der Verpflegung ist es auch noch tadelloses Auskommen. Leider ist hier kein Wild in der Gegend, wir waren schon mal daraufhin unterwegs, aber leider ohne Erfolg.

O.U./29.12.1944
Leider bin ich in meiner Epistel unterbrochen worden durch den plötzlichen Befehl zu packen. Vorgestern Abend sind wir dann anschließend auch gleich abgerückt. Die Nacht haben wir auf dem Marsch verbracht. Gestern Nachmittag sind wir hier eingerückt. Leerdam ist eine kleine Stadt, und wir wissen noch gar nicht, wie lange wir hierbleiben. Von mir aus so lange wie möglich, denn wir haben mit unserem Quartier mal wieder ein unglaubliches Glück gehabt. Wir drei liegen mit unserem Capo in einem Einzelhaus. Das Haus ist typisch für Holland, roter Backstein, vorgebauter Erker und Glasfenster, und so sauber, dass wir uns vorkommen, als seien wir unter die Menschen zurückgekehrt. Heute Nacht haben wir im Federbett geschlafen. Oh, seit wie lange das erste Mal. Es war eine Wohltat, zumal nach dem langen Marsch. Als wir ankamen gestern, war unsere Küche nicht nachgekommen. Da bekamen wir erst einmal ein Mittagessen, obgleich die Leute auch nicht viel haben. Die Hausfrau ist eine Deutsche, sie stammt aus dem Rheinland. Gestern Abend haben wir ihnen dafür von unserem Brot und unserer Wurst abgegeben. So etwas ist ja selbstverständlich. Wir müssen überhaupt all unsere Erziehung zusammennehmen, um hier nicht störend zu wirken. Wir sind hier unter durchaus wohlhabenden Bürgern, die zudem noch recht fromm sind. Da müssen wir unsere Soldatenmanieren mal leicht in den Hintergrund treten lassen. Die ganze Behaglichkeit des Wohnzimmers kommt mir noch recht ungewohnt vor, nach unserer Weihnacht in der Scheune. Hoffentlich sind wir Sylvester noch hier. Dann könnten wir jedenfalls das Jahresende würdig begehen. So, nun will ich schließen, indem ich Euch die allerherzlichsten Grüße sende. Euer Eskel, der sich mal wieder sehr wohlfühlt.

O.U./4.1.1945
Liebe Eltern,
in aller Eile die herzlichsten Grüße. Die nächste Post wird wahrscheinlich etwas länger dauern, da wir woanders hinkommen. Es geht mir gut, und unterwegs schlagen wir die Zeit mit Kartenkloppen tot. Eure

Kerzen tun mir dabei gute Dienste. Für heute die allerherzlichsten Grüße sendet Euch Euer Eskel.

Ungarn/6.1.1945
Meine lieben Eltern,
nachdem wir gestern an unserem Bestimmungsort angelangt sind, will ich Euch gleich, da wir noch Ruhe haben, von der Reise berichten. Hier liegen wir ähnlich wie in Holland, nur ist der Iwan etwas aktiver als der Tommy an der Maas. Mit dem Transport hatten wir großes Glück. Wir lagen mit 14 Mann in einem Waggon, in den normal 40 hineingehören. Das ist aber auch das erste Mal, dass wir solches Glück gehabt haben. Unser Ofen war immer auf Touren, denn auf der Eisenbahn da findet man ja schließlich Brennmaterial. Wir haben also die sechs Fahrtage richtig als Erholung genossen. So schön wie in Leerdam war es ja nicht, aber trotzdem. Die Jabos (Jagdbomber; Anmerkung des Hrsg.) beehrten uns nur einmal, und dann auch vergeblich. In Holland fuhren wir nur in der Nacht. Tagsüber waren wir in der Stadt, in der sich unser Zug gerade aufhielt. Auf diese Weise bin ich noch zweimal ins Kino gekommen. Wer weiß, wann wir das Vergnügen mal wieder haben. In Deutschland fuhren wir Tag und Nacht durch, bis Wien. Dann ging es wieder recht langsam, bis wir gestern Abend in Ungarn ausgeladen wurden. Danach sind wir 38 km marschiert, d.h. die ganze Nacht hindurch, bis heute früh. Wir liegen noch hinter der H.K.L. (Hauptkampflinie; Anmerkung desHrsg.) aber die Front läuft ziemlich unregelmäßig, und man weiß nie, wo einmal der Iwan auftauchen kann. Heute Nacht werden wir hoffentlich schlafen können. Wir liegen bei ungarischen Volksdeutschen im Quartier. Die Leute sind sehr freundlich, aber recht arm, da noch vor kurzer Zeit hier der Russe gewesen ist. Die wissen jetzt auch eine deutsche Besatzung zu schätzen. Das Dorf ist vom Krieg auch recht mitgenommen. Wenn einmal Panzer durch eine Ortschaft gefahren sind, dann ist alles zumindest beschädigt. Wir liegen noch vorläufig als Reserve, scheinbar, aber man weiß ja nie. Einstweilen sende ich Euch die allerherzlichsten Grüße, Euer Eskel.

O.U./Ohne Datum, Poststempel: 25.01.1945
Liebe Eltern,
ich konnte bislang nicht schreiben, weil absolut keine Möglichkeit bestand, die Post loszuwerden. Durch einen Unteroffizier vom Stab erfuhr ich jetzt, dass die Post zum Regiment weggeht. Wie es allerdings dann ist, weiß er auch nicht. Deshalb benutze ich die paar freien Minuten, um Euch schnell einen Gruß zu senden. Wir sind im Vormarsch, und

da ist sehr wenig Zeit für uns. Schlaf ist auch knapp. Ich rechne immer, dass ich jede dritte Nacht etwas schlafen kann. Sonst wird marschiert oder im Freien kampiert. Das heißt zu dieser Jahreszeit auf- und ablaufen, damit man nicht einfriert. Sehr kalt ist es nicht. Schnee und Tauwetter wechseln sich ab, und da gibt es immer kalte und nasse Füße. Für jede Minute, wo man seine Sachen mal wieder trocknen kann, ist man sehr dankbar. Sonst geht es uns bestens. Wir haben sehr gut zu essen, und das ist die Hauptsache. Ein Glück, dass ich zwei Pelzwesten habe, die halten gut vor. Nur man verdreckt vollkommen. Wenn die Gelegenheit besteht, wird Waschfest gemacht, aber das ist nur recht selten.

Für heute Schluss, herzliche Grüße, Euer Eskel.

Briefe an Eskel, die zurückkamen mit dem Vermerk „Empfänger vermisst"...

Niendorf/29.0119.45

Mein guter Eskel,

leider warten wir noch immer vergeblich auf Nachricht von Dir. Wir vermuten, Du bist im Westen, denn sonst hätten wir doch wohl schon irgendeine Nachricht. Aber alles Denken und Grübeln ist ja im Augenblick von größter Ungewissheit. Die Hauptsache ist, Dir geht es gut und meine Gedanken sind stets bei Dir. Heute rief die Mutter Deines Freundes Schniepel bei uns an. Die Eltern sind auch schon unruhig wegen des langen Ausbleibens von Post. Dein Freund hatte am 29. Dezember zuletzt geschrieben, nun konnte ich ihnen ja von Deiner Nachricht vom 4.1. berichten. Das ist natürlich auch schon lange her, und wir warten auch sehnlichst auf Post! Ich bitte nur immer um Dein Wohlergehen! Was sagst Du zu der Lage an der Ostfront? Heute hatte ich einen heißen Tag

Niendorf/11.02.1945

Mein guter Junge,

immer noch warten wir vergeblich auf Post von Dir. Ich hoffe nur inständig, dass es Dir gut geht und es nur eine Postverzögerung ist. Ich bin ganz traurig, dass wir so gar keine Verbindung miteinander haben. Hoffentlich hast Du inzwischen von uns gehört.

Tagebucheintragung von Maria Jacobsen
Niendorf/12.3.1945

Für meinen geliebten Eskel will ich bis zu unserem Wiedersehen unsere kleinen Ereignisse und unseren Tagesablauf festhalten. Unendlich schwere Wochen liegen hinter uns, das tägliche Warten auf Nachricht waren unsagbare Qualen. Dass etwas mit Dir nicht in Ordnung war, ist uns bald klar geworden, denn Dein Freund Schnepel schrieb laufend. Mit dessen Eltern hatten wir uns im Januar schon in Verbindung gesetzt. Als am 8.März abends Herr Steffen als Ortsgruppenleiter zu uns kam, meinte ich, das Blut erstarrte mir in den Adern. Ich rief ihm nur entgegen „das ist nicht wahr", und - glaube es mir, mein guter Junge - die Nachricht, dass Du als „vermisst" gemeldet wurdest, war doch noch tröstlich für uns. Denn so besteht doch die Möglichkeit eines Wiedersehens, zumal der Truppenteil, trotz Absuchung des Geländes, keine Spur von Dir und Deinen Kameraden gefunden hat. Also ist mit Gefangenschaft zu rechnen. In Russland sind ja 1 000 000 Deutsche, und ich tröste mich, dass man Euch nicht umbringt, sondern als Arbeitskräfte braucht. Einmal muss und wird dieser grausame Krieg zu Ende gehen, und dann muss es ein Wiedersehen geben. Ich will so fest daran glauben, denn sonst ist mir mein Lebensinhalt genommen worden. Die schweren Stunden bleiben nicht aus, wenn ich daran denke, wie es Dir wohl ergehen mag, wird mir ganz bang ums Herz. Ein Trost in dieser ganzen Misere ist, dass Du nicht allein bist und mit Kameraden Dein schweres Schicksal teilst. Der Gedanke, gar nichts für Dich, mein geliebter Junge, tun zu können, ist furchtbar für mich. Kein Lebenszeichen von Dir zu erhalten, ist mir bis heute noch unfassbar. Ich denke immer, es geschieht noch ein Wunder. Herr Fast will über die schwedische Gesandtschaft versuchen, eine Auskunft von den Russen zu erhalten, ob und wo Du bist. Wenn ich nur wüsste, Du wärest gesund, ich wäre so unendlich dankbar. Denn dann kommt bestimmt ein Wiedersehen. Immer war uns der Gedanke, vermisst in Russland, ein grausiger Gedanke, aber als wir denselben erhielten, war ich doch noch so froh, dass nicht der endgültige Bescheid kam. So besteht doch die berechtigte Hoffnung auf ein Wiedersehen, und nur dafür mag ich in der jetzigen Zeit noch leben. Die längste Zeit des Krieges ist gewesen, es kann doch nur noch kurze Zeit dauern, und dann wollen wir hoffen, dass der Herrgott uns ein Wiedersehen schenkt. Alle gedenken Deiner mit unendlich großer Teilnahme, Obendorfs an erster Stelle. Diese schweren Wochen der Ungewissheit gönne ich nicht meinem ärgsten Feind, Du kennst ja Deine Mutti. Wenn Du doch in englischer oder amerikanischer Gefangenschaft wärest, es wäre mir doch ein leichtes zu hören, wenngleich das Heimweh oder die Sehnsucht immer bleibt. Wie schön waren doch die Stunden bei Frau D. in M., wie gut, dass wir alle nicht wussten, dass uns ein langer Abschied bevorstand. Alles war so harmonisch, und wir waren so glücklich miteinander. Du warst wie zu Hause mein lieber anhänglicher Junge, immer lieb zu seiner (?). Ich denke so viel an unsere schönen Stunden dort, und Dir wird es auch sicher so ergehen. Denn für Dich ist ja alles so sehr viel schlimmer, Vati und ich sind ja noch beieinander, und zu zweit trägt es sich doch besser. Hoffentlich können wir hierbleiben und müssen nicht auch noch auf den Treck gehen. Es sind ruchbare Schicksale, die sich ereignen. Wann und wie wird nur alles enden. Unser schönes Deutschland ist kaputt. Im Augenblick ist alles für mich gleichgültig geworden, nur der Gedanke an Dich und ein Wiedersehen, nicht tot, mein Liebstes, ist das, was ich vom Herrgott erflehe. Dir, mein liebster Eskel, da keine Minute vergeht, wo ich nicht Deiner gedenke, wenn Du nur lebst und gesund bist, will ich dankbar sein. Denn dann muss es doch ein Wiedersehen geben. Alle Unbequemlichkeiten, die das sechste Kriegsjahr mit sich bringt, berühren mich gar nicht. Wir sitzen fast jeden Abend ohne Strom, ich meine ohne Licht, Gas ist ganz vorbei, und Wasser muss meistens aus der Pumpe geholt werden. .Ich habe ja immer gesagt, und eines erbitte ich, dass wir drei zusammenbleiben und nur leben. Dein Schlafzimmer wird Küche, einen alten Herd haben wir noch organisiert, sonst müsste ich ja ganz bei Obendorfs kochen, besser ist doch, jeder für sich. Es sollen überall Gemeinschaftsküchen eingerichtet werden. Seit dem 6. Februar haben wir eine kleine entzückende Dackelhündin, die uns - trotz allem Kummer - ein wenig Freude macht. Heute Abend gehen wir zu Burmesters, alle wollen mich ablenken, aber meine Gedanken sind nur bei Dir. Einmal bin ich ganz zuversichtlich, und ein anderes Mal sehe ich nur Böses. Mich wundert nur, dass Dein Freund Schnepel es nicht für nötig hielt, an uns zu schreiben. Wenn nur ein einziges Mal Nachricht von Dir käme, dass Du gesund bist, aber wie. Vati ist immer zuversichtlich und wähnt Dich bestimmt in Gefangenschaft, und die würdest Du überstehen. Das ist sein fester Glaube. Ich aber bin nicht so gläubig und sehe Gefahren über Gefahren. Dann fürchte ich stets Grausamkeiten von Seiten der Russen an Euch. Qualvoll ist das Leben jetzt für mich. Du guter Junge musst nun so viel Schweres durchmachen. Wie oft betrachte ich Dein Bild, und dann kann ich nicht glauben, dass ich Dich nicht wiedersehe. Unsere Bilder hast Du ja auch bei Dir, nur leider hat Dich keine Post mehr von uns erreicht. Aber Du musst fühlen, wie wir Deiner gedenken. Hier werden alle Schiffe aus den besetzten Häfen in die Bucht gelegt, das ist gar nicht schön für uns. Ebenfalls ein Teil der Swinemünder Werft ist hierher verlegt. Hoffentlich kommt der Tommy nicht eines Tages hierher, um seine Eier abzuschmeißen. Dann gute Nacht!

Einige Nachbemerkungen des Herausgebers

Eine neue Art von Denken ist notwendig, wenn die Menschheit weiterleben will. Dieses Zitat von Albert Einstein trifft die Situation und Gefühle von Menschen am besten, die unmittelbar kriegsbedingte Schmerzen und Verluste hinnehmen mussten, sowie Maria Jacobsen. Diese wenigen Worte lassen ganzheitlich den Krieg nicht gelten, es darf keinen Grund geben, dass er stattgefunden hat und dieses Leid zufügt, den Tod eines geliebten Menschen.

Das Geschehene hat vor über 50 Jahren stattgefunden. Während dieses Zeitraumes hat es weltweit zahllose Kriege gegeben, die unvorstellbares Leid verursachten. Somit hat sich an der Denkweise der Menschweit nichts geändert. Wirtschaftliche Interessen, Hegemoniestreben, Rassismus sowie religiöser Wahnsinn sind die wesentlichen Ursachen dafür. Auch die politische Führung im heutigen Deutschland muss sich diesen Vorwurf gefallen lassen. Waffenlieferungen und Entsendung von Soldaten in Krisengebiete, aus welchen Gründen auch immer, sind kriegsrelevante Aktionen. Somit hat sich am Denken nichts geändert und das Geschehene wiederholt sich täglich, irgendwo auf dieser Welt.

Ausgenommen vom Balkankrieg in den 90er Jahren des letzten Jahrhunderts ist die Nachkriegsgeneration (und natürlich auch alle nachfolgenden) in Europa von Kriegen verschont geblieben. Es hat vielleicht kritische Situationen gegeben, die man aber doch schon gänzlich verdrängt hat. Erinnern kann ich mich allerdings bewusst noch an die Kubakrise 1962: Ich war damals gerade acht Jahre alt, als mein Vater von der Arbeit nach Hause kam, und ziemlich niedergeschlagen wirkte, und nur die wenigen Worte von sich gab, dass es Krieg geben wird. Obwohl ich nicht im geringsten wusste, was das bedeutete, befiel mich ein ungeheure Angst, eine Angst die gänzlich neu war verglichen mit dem was man bisher als 8 jähriger erlebte. Sicherlich war es für mich nicht vorstellbar, was Krieg eigentlich sein kann, vor allem wäre es ja bei der Kubakrise höchstwahrscheinlich zu atomaren Kampfhandlungen gekommen. Unvorstellbar, dass sowohl Kennedy von amerikanischer Seite als auch Chruschstchow auf der russischen wesentlich umsichtiger gehandelt haben als ihre jeweiligen militärischen Befehlshaber. Sonst wäre der Krieg unvermeidlich gewesen.

Nach der Kubakrise hat es niemals mehr eine solche kritische Situation gegeben, die den 3. Weltkrieg heraufbeschworen hätte. Im Gegenteil, man kann sie auch als Punkt Null der weltweiten Abrüstung betrachten, ohne den es vielleicht keine deutsche Wiedervereinigung oder generell die Entspannungspolitik gegeben hätte. Möge man nur hoffen, sich ihrer bewusst zu werden, sollten allzu nationalistische Gedankengänge sich durch die Weltpolitik verirren.

Diese Zusammenstellung ist Maren Paulmann gewidmet, denn ohne ihre Hilfe wäre die Veröffentlichung nicht möglich gewesen.

Zeitfracht Medien GmbH
Ferdinand-Jühlke-Straße 7
99095 Erfurt, Deutschland
produktsicherheit@kolibri360.de